Para

com votos de paz.

Divaldo Franco
pelo Espírito
Joanna de Ângelis
Luiz Fernando Lopes

Amor & Sexualidade:
a conquista da alma

Salvador
1. ed. – 2025

COPYRIGHT © (2018)
CENTRO ESPÍRITA CAMINHO DA REDENÇÃO
Rua Jayme Vieira Lima, 104
Pau da Lima, Salvador, BA.
CEP 412350-000
SITE: https://mansaodocaminho.com.br
EDIÇÃO: 1. ed. (4ª reimpressão) – 2025
TIRAGEM: 1.000 exemplares (milheiro: 8.000)
COORDENAÇÃO EDITORIAL
Lívia Maria Costa Sousa

REVISÃO
Adriano Ferreira • Lívia Maria C. Sousa
CAPA
Cláudio Urpia
MONTAGEM DE CAPA
Ailton Bosco
EDITORAÇÃO ELETRÔNICA
Ailton Bosco
COEDIÇÃO E PUBLICAÇÃO
Instituto Beneficente Boa Nova

PRODUÇÃO GRÁFICA
LIVRARIA ESPÍRITA ALVORADA EDITORA – LEAL
E-mail: editora.leal@cecr.com.br

DISTRIBUIÇÃO
INSTITUTO BENEFICENTE BOA NOVA
Av. Porto Ferreira, 1031, Parque Iracema. CEP 15809-020
Catanduva-SP.
Contatos: (17) 3531-4444 | (17) 99777-7413 (WhatsApp)
E-mail: boanova@boanova.net
Vendas on-line: https://www.livrarialeal.com.br

Dados Internacionais de Catalogação na Publicação (CIP)
(Catalogação na fonte)
BIBLIOTECA JOANNA DE ÂNGELIS

F825	FRANCO, Divaldo Pereira; LOPES, Luiz Fernando. *Amor e sexualidade: a conquista da alma*. 1. ed. / Luiz Fernando Lopes, Divaldo Pereira Franco [médium] e ditado pelo Espírito Joanna de Ângelis. Salvador: LEAL, 2025. 224 p. ISBN: 978-75-8266-210-6 1. Amor 2. Sexualidade 3. Relacionamentos 4. Plenitude I. Franco, Divaldo II. Lopes, Luiz Fernando III. Título CDD: 133.9

Bibliotecária responsável: Maria Suely de Castro Martins – CRB-5/509

DIREITOS RESERVADOS: todos os direitos de reprodução, cópia, comunicação ao público e exploração econômica desta obra estão reservados, única e exclusivamente, para o Centro Espírita Caminho da Redenção. Proibida a sua reprodução parcial ou total, por qualquer meio, sem expressa autorização, nos termos da Lei 9.610/98.
Impresso no Brasil | Presita en Brazilo

SUMÁRIO

Amor e sexualidades – Joanna de Ângelis 7

A energia sexual e a expressão dos afetos – Luiz Fernando Lopes 9

PRIMEIRA PARTE: ASPECTOS DA SEXUALIDADE

1	Sexo	17
2	Sexo e reprodução – Comportamento sexual e conduta moral	23
3	Aborto	29
4	Abortamento	33
5	Sexo e vida	37
6	Sexo e força	39
7	Sexo e compromisso	43
8	Ante o sexo e o amor	47
9	Sexo sem amor	51
10	Problemas do sexo	55
11	Vícios e paixões	59
12	Sexo e obsessão	63
13	Viciações mentais	67
14	Desejo, gozo e bem-aventurança	71
15	Ulcerações morais	73
16	Conflitos sexuais	77
17	A busca do prazer	81
18	Erotismo	85
19	Convite à continência	89
20	Corpo	91
21	Mudança de sexo	95
22	Educação sexual	101
23	Página à mulher espírita	105
24	Jesus e as mulheres	107
25	Feminismo	111

SEGUNDA PARTE: AMOR E RELACIONAMENTOS

26 Relacionamentos 117

27 Relacionamentos conflituosos 121

28 Afetividade 125

29 Afetos 129

30 Relacionamentos afetivos 133

31 Sentimentos e afetividade 137

32 Afetividade conflitiva 141

33 Afetividade doentia 147

34 Afetividade conturbada 151

35 Tentações afetivas 155

36 Em soledade 159

37 Carma de solidão 163

38 A força do amor 167

39 Convite ao amor 171

40 Encontro com o amor 173

41 Sempre o amor 177

42 Amor e vida 181

43 Amor diante de relacionamento 185

44 Ante o ciúme 189

45 Amor esquecido 191

46 Amor e saúde I 195

47 Amor e saúde II 199

48 Paixão e amor 203

49 Relacionamento afetivo 207

50 Matrimônio e amor.. 211

51 Responsabilidade no matrimônio.......................... 217

52 Divórcio... 221

Amor e sexualidade

O amor é a alma do Universo e, conforme a definição do evangelista João, Deus é amor.

O amor sempre está presente em todas as manifestações da Criação. Enquanto não viger conscientemente no ser humano, o sofrimento será uma constante em todas as vidas.

Em razão da sua real ausência nos sentimentos, ainda fixados nos instintos primários, os relacionamentos pessoais se basearão nos interesses das paixões dissolventes, em particular, dos prazeres sexuais imediatistas em busca sôfrega e insaciável.

Ao substituir, no processo da evolução, as manifestações iniciais pelos sentimentos de elevação, o Espírito, em busca da iluminação, detém-se nas faixas mais grosseiras em que se compraz, desconhecendo as bênçãos da harmonia e da plenitude que, somente a pouco e pouco, passa a experimentar.

Como o prazer sensual é imediato, desde remotos tempos o sexo tem sido utilizado de maneira irresponsável e desastrosa. Tendo por objetivo essencial a fecundação para que se reproduzam os seres, tornou-se vício, ora elegante, noutras ocasiões vulgar, a que se fixaram gerações sucessivas e organizações poderosas para os crimes e a glória terrestre. Os bordéis sempre exerceram papel de alto significado junto a governantes insensatos e a personalidades aturdidas, em deplorável exploração comercial e sociológica.

Sucessivamente se tornou válvula de escapamento de conflitos psicológicos de diversa natureza, sendo, na atualidade, na sua escalada voluptuosa, responsável por incontáveis males que infelicitam pessoas individualmente e a sociedade em conjunto.

Quando bem atendido pelas emoções do amor, consegue indiscutíveis resultados de prazer e do progresso humano, ao estimular no rumo das emoções mais nobres. Ao inverso, todavia, quando frustrado, imediatista ou adquirido de maneira incorreta, responde por males incontáveis.

Na presente obra, o nosso coordenador retirou o material de um volumoso repertório de livros, produzidos pelo médium Divaldo Pereira Franco, para convidar os leitores à reflexão em torno da consciência em relação ao sexo e ao seu uso.

São páginas vivas de ocorrências reais, interpretadas à luz do Espiritismo e dos ensinamentos do Evangelho de Jesus.

Formulamos votos de que elas possam confortar, orientar e servir de exemplo a todos aqueles que nos honrarem com a sua leitura e consideração.

Salvador, 23 de julho de 2018.

Joanna de Ângelis

A ENERGIA SEXUAL E A EXPRESSÃO DOS AFETOS

A NECESSIDADE DE UMA REVISÃO CONCEITUAL

A sexualidade é um dos mais importantes atributos da alma. Ela se manifesta entre assimilações e acomodações evolutivas que fornecem os pilares para o desenvolvimento do ser, proporcionando a sua integração na unidade cósmica.

A estrutura íntima do espírito é a nascente da energia sexual, que percorre todas as camadas do sistema psíquico e alcança o corpo físico, gerando uma ressonância no estrato mais denso da nossa constituição multidimensional.

Em qualquer estudo sobre a plataforma da existência é necessário admitir a natureza espiritual do ser como uma variável intrínseca. Uma teoria que desconsidere a transcendência individual será porta-voz de um modelo explicativo reducionista que exibe conceitos inoperantes para descrever a essência da vida.

Considerando que a concepção materialista continua sendo hegemônica na matriz do pensamento ocidental, há dois aspectos negligenciados na investigação científica sobre a sexualidade. O primeiro deles é a interferência dos Espíritos em nossa vivência sexual, já que a percepção mediúnica nos faz acessar a dimensão hiperfísica e absorver as suas energias em diferentes níveis de frequência. Além disso, por intermédio da reencarnação, transitamos em várias experiências biográficas, tornando improcedente confinar a manifestação da libido na faixa temporal de uma breve existência na Terra.

Desse modo, o sexo e as relações amorosas são moldados pelas decisões tomadas na atualidade, mas também pelo nosso passado reencarnatório e pelo contato interexistencial com seres invisíveis.

Não se pode atribuir uma causalidade exclusiva aos fenômenos sexuais. Saúde reprodutiva ou disfunções genitais, vínculos gratificantes ou fraturas no relacionamento são situações que decorrem de fatores pessoais, socioculturais e transpessoais inscritos no processo evolutivo. A energia sexual se articula nessa teia recombinante de agenciamentos heterogêneos.

Diante deste cenário é preciso retraduzir a fenomenologia sexual a partir de uma visão coerente com o estatuto da realidade, em que o espírito exerce o papel de princípio organizador da condição humana.

A teoria espírita está comprometida com um projeto epistemológico ousado, que pressupõe uma conciliação das quatro esferas culturais (arte, religião, filosofia e ciência). Tal projeto confere o mesmo grau de importância aos vários campos do saber e estimula uma tendência de aproximação entre eles, visando a instaurar um método transdisciplinar de produção de conhecimento. Allan Kardec e outros estudiosos assumiram a tarefa de desenvolver o projeto epistemológico espírita e suas ramificações, uma delas desaguando na proposta de colocar o Espiritismo em diálogo fecundo com a psicologia. Diversos autores se dedicaram a produzir trabalhos relacionando a mediunidade e a reencarnação com inúmeros processos psicológicos, explorando temas como personalidade, desenvolvimento humano e saúde mental.

A CONTRIBUIÇÃO DE JOANNA DE ÂNGELIS

Joanna de Ângelis é uma dessas autoras de notório saber no campo do psiquismo. O seu trabalho desvenda os processos subjacentes que determinam a dinâmica da mente e formam a base do comportamento sexual. Ao lado das obras de Emmanuel, André Luiz e Manoel Philomeno de Miranda, a contribuição de Joanna ao entendimento da sexualidade é leitura obrigatória, sobretudo porque a mentora constrói uma ponte conceitual entre o Espiritismo, a psicologia junguiana e a psicologia transpessoal, incluindo um enfoque sobre a neurociência e a concepção transcendente do ser, apresentado com extrema competência técnica e sensibilidade poética. Suas qualidades literárias derivam de um mergulho profundo na cultura e na psiquê humana ao longo de várias encarnações, bem como de estudos efetuados no mundo espiritual sob a orientação de luminares da ciência, entre eles o próprio Carl Gustav Jung.

Emmanuel nos presenteou com a obra seminal *Vida e sexo*. André Luiz nos ofereceu o excelente trabalho *Sexo e destino*. Manoel Philomeno de Miranda reuniu noções imprescindíveis em *Sexo e obsessão*. Joanna de Ângelis escreveu sobre sexualidade em diversas obras, tanto aquelas que formam a série psicológica quanto os livros que veiculam temas variados.

No escopo de um plano de estudo doutrinário consistente, penso que a série psicológica deve ser lida de forma integral, mesmo que o estudioso tenha como foco extrair informações pontuais e específicas. Em cada volume desta série, inaugurada com o livro *Jesus e atualidade*, os conceitos são harmonicamente conectados para permitir uma apreensão global do funcionamento psíquico, facultando, por extensão, um exame bem fundamentado das práticas sexuais e do relacionamento amoroso. Analogamente, recomendo a leitura completa de livros de Joanna que utilizam eixos temáticos intercomunicantes, destacando entre eles *Constelação familiar*, *Adolescência e vida* e *Garimpo de amor*. A partir de um enunciado central, esses trabalhos dilatam a superfície de contato entre assuntos congêneres que guardam relação com os movimentos da amorosidade e os impulsos eróticos.

Analisar apenas fragmentos do material mencionado torna-se um desperdício de oportunidade para voos mais altos na atmosfera do conhecimento. Em consequência, uma coletânea com excertos dessas obras é uma opção que não me seduz, pois esquartejaria um trabalho bem concatenado que merece uma leitura sistematizada.

Por outro lado, há livros em que Joanna discorre sobre conteúdos diferentes e não necessariamente interligados. Eles têm como característica uma grande dispersão temática, justificando que o leitor selecione os textos que interessam à sua pesquisa, sem realizar a apreciação das obras em sua totalidade. Para conhecer o que Joanna formulou sobre a pulsão sexual nesses trabalhos é necessário consultá-los minuciosamente a fim de rastrear as informações desejadas.

Acompanhando palestras espíritas e lendo material doutrinário sobre sexualidade, constatei que alguns excelentes escritos de Joanna não aparecem na bibliografia por serem pouco conhecidos. Uma parte da explicação para isso reside no fato de que tais escritos foram inseridos em obras que transitam por tópicos variados, conforme a descrição anterior. São livros de caráter mais genérico que não pretendem sondar especificamente os fenômenos sexuais, embora esta matéria também tenha sido objeto de análise. Muitos leitores, ao receberem notícias sobre o livro *Viver e amar*, não irão desconfiar que nesta obra existe um capítulo intitulado "Carma de Solidão", uma página de grande utilidade para quem pretende compreender os labirintos do relacionamento amoroso e suas consequências. A benfeitora também publicou trabalhos que sugerem um eixo temático relativamente distante das questões sexuais, como ocorre no livro *Vitória sobre a depressão*. A maioria das pessoas não imaginará que nesta obra contém um capítulo denominado "Erotismo", um texto que analisa o anseio desmesurado de prazer no mundo contemporâneo.

Constatamos, desse modo, que em função do aspecto semântico dos títulos dos livros, um segmento da produção da mentora permanece inexplorado, deixando de compor o referencial teórico na pesquisa em torno da sexualidade. Este incidente não é prerrogativa da autora em questão, mas de qualquer escritor que possua um trabalho profuso, difícil de ser mapeado em toda a sua extensão.

A ORGANIZAÇÃO DESTE LIVRO

Considerando que nem todos os interessados terão condições de garimpar esse tesouro filosófico na obra de Joanna, torna-se recomendável reuni-lo em um só volume, evitando que o seu conteúdo permaneça subutilizado por falta de divulgação.

Portanto, no intuito de facilitar o acesso ao pensamento da mentora, eu resolvi selecionar um conjunto de textos essenciais na abordagem da energia sexual e seus desdobramentos. Se já estavam disponíveis os livros *Vida e sexo*, *Sexo e destino* e *Sexo e obsessão*, agora podemos contar com a coletânea *Amor e sexualidade: a conquista da alma*, que amplia o leque de obras de referência escritas por autores abalizados. O livro permite uma maior visibilidade à contribuição da autora na investigação sobre a sexualidade, um assunto controverso que raramente é bem manuseado por escritores, pesquisadores e palestrantes em qualquer meridiano que compõe o território do conhecimento.

Como aconteceu nos livros de Divaldo que eu tive a oportunidade de organizar, principalmente o *Sexo e consciência*, esta coletânea também representa um gesto de gratidão a Joanna, que, por meio da sua sabedoria, transferiu incentivos inestimáveis ao meu aprimoramento pessoal.

Se a consciência transcende a fronteira neurológica e se projeta para além da paisagem detectada pelo sensório, é preciso construir um pensamento integrativo que represente uma inovação epistemológica, redesenhando a constelação de conceitos que pretendem decifrar os afetos humanos.

Portanto, cara leitora, caro leitor, temos aqui uma coletânea de textos organizada com o objetivo de pôr em relevo o papel de Joanna de Ângelis como profunda estudiosa do tema em destaque. Percorrendo as páginas escritas pela autora, descobrimos uma fração importante do seu legado intelectual e nos preparamos para que o amor e a sexualidade sejam de fato uma conquista da alma no circuito da evolução. Nesse contexto, a energia sexual corresponde a uma potência interna que precisa ser iluminada pela gema rutilante da amorosidade plena.

Recife, 12 de junho de 2018.[1]

Luiz Fernando Lopes

---

1. Nesta data é comemorado no Brasil o Dia dos Namorados.

PRIMEIRA PARTE:

ASPECTOS DA SEXUALIDADE

1

SEXO[1]

CONCEITO – Os lexicógrafos conceituam o sexo como a "conformação particular do ser vivo que lhe permite uma função ou papel especial no ato da geração". Biologicamente, são os "caracteres estruturais e funcionais pelos quais um ser vivo é classificado como macho e fêmea...".

A reprodução sexuada é condição inerente aos animais, e entre esses aos metazoários, sendo necessário particularizar como exceção alguns que são constituídos por organismos inferiores, cujos processos procriativos obedecem a leis especiais. Esse processo de reprodução entre os animais sexuados se dá obedecendo à faculdade de elaboração de células próprias, tendo a Escola de Morgan, nas suas pesquisas, classificado e diferenciado as sexuais das somáticas, que são muito diferentes na constituição do organismo.

Fundamental na espécie humana para o "milagre" procriativo é dos mais importantes fatores constitutivos da personalidade, graças aos *ingredientes* estimulantes ou desarmonizantes do equilíbrio, de que se faz responsável.

---

1. FRANCO, Divaldo; ÂNGELIS, Joanna de [Espírito]. *Estudos espíritas*. 1ª ed. Brasília: FEB, 1982, cap. 20.

Considerando as consequências eugênicas, que o desbordar do abuso vem produzindo nas sucessivas gerações, pensam alguns estudiosos quanto à necessidade de ser aplicada a eutanásia nos "degenerados", a fim de evitar-se um "crepúsculo genético", incorrendo, consequentemente, na realização de um hediondo "crepúsculo ético" de resultados imprevisíveis. Isto porque o sexo tem sido examinado, apenas, de fora para dentro, sem que os mais honestos pesquisadores estejam preocupados em estudá-lo de dentro para fora, o que equivale dizer: do Espírito para o corpo.

Aferrados a crasso materialismo em que se fixam, não se interessam esses estudiosos pela observância das realidades espirituais, constitutivas da vida, no que incidem e reincidem, por viciação mental ou simples processo atávico, em relação aos cientistas do passado.

O sexo, porém, queira-se ou não, nas suas funções importantes em relação à vida, procede do Espírito, cujo comportamento numa existência insculpe na vindoura as condições emocionais e estruturais necessárias à evolução moral.

DESDOBRAMENTO – A princípio considerado instrumento de gozo puro e simples, através do qual ocorria a fecundação sem maiores cuidados, passou, nas civilizações do pretérito, a campo de paixões exorbitantes, que, de certo modo, foram responsáveis pela queda de grandes impérios, cujos governantes e povos, alçados à condição máxima de dominadores, permitiram-se resvalar pelas rampas do exagero encarregado de corromper os costumes e hábitos, amolentando caracteres e sentimentos, que culminaram na desagregação das sociedades, que chafurdaram, então, em fundos fossos de sofrimento e anarquia.

Perseguido e odiado após a expansão da Igreja Romana, transformou-se em causa de desgraças irreparáveis, que por séculos sucessivos enlutaram e denegriram gerações.

Pelas suas implicações na emotividade humana, a ignorância religiosa nele viu adversário soez que deveria ser destruído a qualquer preço, facultando sucessivas ondas de crimes contra a Humanidade, crimes esses que ainda hoje constituem clamorosos abusos de que o homem mesmo se fez vítima inerme.

Cultivado, depois, passou pelo período do puritanismo, em que a moral experimentou conceituação aberrante e falsa, dando lugar a nefandos conúbios de resultados funestos.

A Sigmund Freud, sem dúvida, o insigne médico vienense, deve-se a liberação do sexo, que vivia envolto em tabus e preconceitos, quando se propôs examiná-lo com vigorosa seriedade, tentando penetrar-lhe as nascentes, por meio do comportamento histérico e normal dos seus pacientes, tendo em vista a necessidade de elucidar as incógnitas de larga faixa dos neuróticos e psicóticos que lhe enxameavam a clínica, e desfilavam, desfigurados, padecendo sofrimentos ultores nos manicômios públicos.

Lutando tenazmente contra a ignorância dos doutos e a estultícia dos ignorantes, arrostando as consequências da impiedade e da má-fé da maioria aferrada ao dogmatismo chão e às superstições a que se vinculavam, teve o trabalho grandemente dificultado, vendo-se obrigado ao refúgio no materialismo, transferindo para a *libido* a responsabilidade por quase todos os problemas em torno da neurose humana. Graças a isso, passou a ver o sexo em tudo, pecando, por ocasião da elaboração das leis da Psicanálise, pelo excesso de tolerância a respeito do comportamento sexual, no que classificou *inibições, frustrações, castrações e complexos* do homem como seus próprios problemas sexuais... Os cooperadores de Freud alargaram um pouco mais os horizontes da análise, sem, contudo, detectarem no espírito as nascentes das distonias emocionais das variadas psicopatias...

Com a Era Tecnológica, ante as novas realidades sociais, graças à "civilização de consumo", o sexo abandonou o recato, a pudicícia, para ser trazido à praça da banalização com os agravantes do grosseiro desgaste do seu valor real, num decorrente barateamento, incidindo na vida da comunidade ao impacto dos veículos de comunicação com o poder da sua ciclópica penetração, de maneira destruidora, aniquilante...

Elevado à condição de fator essencial em tudo, é agora razão de todos os valores, produzindo mais larga faixa de desajustados, enquanto se faz mais vulgar, mais mesquinho, mais brutalizado...

Problemas de exigência psiquiátrica, distonias de realidade esquizoide, gritando urgência de terapêutica especializada, defecções morais solicitando disciplina, educação e reeducação constituem manchetes da leviandade, como se fossem esses os reais processos da vida e a reflexão como o equilíbrio passassem a expressões de anomalia carecente de execração...

Transexualidade e heterossexualidade expulsos dos porões sórdidos da personalidade humana doentia deixaram as salas hospitalares e os pátios dos frenocômios para os desfiles das ruas, acolitados por desenfreada sensualidade, por meio de cujos processos mais aumentam as vagas do desequilíbrio.

Incontestavelmente impressos nos painéis do psicossoma os comprometimentos morais em que o ser se emaranhou, estes impõem a necessidade da limitação, como presídio de urgência, no homossexualismo, no hermafrodismo, na frigidez e noutros capítulos da Patologia Médica, nos casos dos atentados ao pudor, traduzindo todos eles o impositivo da Lei Divina que convoca os infratores ao imperioso resgate, de modo a que se reorganizem nesta ou naquela forma, masculina ou feminina, a fim de moralizar-se, corrigir e não se corromper, mergulhando em processos obsessivos e alucinatórios muito mais graves, que logo mais padecerão...

SEXO E ESPIRITISMO – Ante quaisquer problemas de ordem sexual, merece considerar-se a importância da vida, das leis de reprodução, contribuindo para o fortalecimento das estruturas espirituais na construção da paz interior de cada um.

Frustração, ansiedade, exacerbação, tormento, tendências inversas e aflições devem ser solucionados do Espírito em processo de reajuste ao corpo em reparação.

Mediante a terapêutica da prece e do estudo, da aplicação dos passes e do tratamento desobsessivo, a par de assistência psicológica ou psiquiátrica correta, os que se encontram comprometidos com anomalias do corpo ou da emoção, recuperam a serenidade, reparam os tecidos ultrassensíveis do perispírito, reestruturando a peças orgânicas para a manutenção do equilíbrio na conjuntura reencarnatória.

A preservação da organização genésica na faculdade sublime das suas finalidades impõe-se como dever imediato para a lucidez do homem convocado ao erguimento do novo mundo de amor e felicidade a que se refere o Evangelho, e o Espiritismo confirma, pelo bem a espalhar-se hoje por toda parte, repetindo a moral do Cristo, insubstituível e sempre atual.

ESTUDO E MEDITAÇÃO:

"Que efeito teria sobre a sociedade humana a abolição do casamento?
"Seria uma regressão à vida dos animais."

"Qual das duas, a poligamia ou a monogamia, é mais conforme à Lei da Natureza?
"A poligamia é lei humana cuja abolição marca um progresso social. O casamento, segundo as vistas de Deus, tem que se fundar na afeição dos seres que se unem. Na poligamia não há afeição real: há apenas sensualidade."
(*O Livro dos Espíritos,* Allan Kardec, questões 696 e 701.)

"Para ser mais exato, é preciso dizer que é o próprio Espírito que modela o seu envoltório e o apropria às suas novas necessidades; aperfeiçoa-o e lhe desenvolve e completa o organismo, à medida que experimenta a necessidade de manifestar novas faculdades; numa palavra, talha-o de acordo com a sua inteligência. Deus lhe fornece os materiais; cabe-lhe a Ele empregá-los. É assim que as raças adiantadas têm um organismo ou, se quiserem, um aparelhamento cerebral mais aperfeiçoado do que as raças primitivas. Desse modo igualmente se explica o cunho especial que o caráter do Espírito imprime aos traços da fisionomia e às linhas do corpo." (*A Gênese*, Allan Kardec, cap. XI, item 11.)

2

SEXO E REPRODUÇÃO[2]

COMPORTAMENTO SEXUAL E CONDUTA MORAL

Dos mais complexos na organização física do homem são os fenômenos da sexualidade, que têm como fulcro o centro genésico encarregado do ministério sagrado da reprodução da espécie. Em razão disso, e porque tenha sua finalidade especificamente definida, o sexo, e suas funções, é digno de elevado respeito. Constituído por uma engrenagem de alto porte e delicada formação, não pode sofrer uso indevido, sem que destrambelhos do equilíbrio emocional passem a secundarizar-lhe as expressões.

Repositório de inexcedíveis emoções, o pensamento é-lhe fator preponderante para o mister a que se destina.

Do impulso simples e primário dos fins procriativos, deve obedecer a um código de ética moral, a fim de que não se envileça nem sofra perturbações. Graças às leis de equilíbrio que regem a vida, é compelido à submissão da mente que o governa, evitando-se que a sua utilização inconsequente produza danos de difícil reparo na sua delicada organização.

Não possuindo sexo, conforme os padrões da morfologia humana, os Espíritos se reencarnam ora num como noutro tipo de compor-

---

2. FRANCO, Divaldo; ÂNGELIS, Joanna de [Espírito]. *No limiar do infinito*. 6ª ed. Salvador: LEAL, 2016, cap. 9.

tamento, masculino ou feminino, adquirindo experiências que dizem respeito, especificamente, a um ou a outro gênero de vida. As aptidões para uma reencarnação na masculinidade ou na feminilidade são sempre o resultado da conduta na forma anterior, que o Espírito vitalizou, e na qual coletou conquistas e prejuízos que cumpre multiplicar ou reparar a sacrifícios que se impõem no cadinho regenerador da carne.

Desencarnando, mantém o ser espiritual a aparência das roupagens da vida imediatamente anterior, por motivos óbvios, ou aquela na qual adquiriu mais expressiva soma de conquistas, em que imprimiu segura diretriz evolutiva e à qual é reconhecido.

Nas regiões mais densas do Mundo espiritual, onde há maior dependência das expressões materiais do orbe terreno e mais significativa necessidade das sensações físicas, alguns Espíritos se apegam, inconscientemente, às reminiscências das roupagens que despiram, mesmo não admitindo sequer a hipótese de haverem vivido com outra forma ou virem a renascer nela.

Imantados às paixões absorventes e viciosas, conservam conceitos errôneos e mantêm opiniões falsas sobre a forma pela qual se manifestam as aptidões e os impulsos da sexualidade.

Pode-se mesmo dizer que a sexualidade é um estado de espírito, se considerarmos que, extrapolando a constituição físico-morfológica, o ser vive conforme as reminiscências fortes que se lhe imprimiram na memória e condicionaram o vestuário orgânico de que ora se utiliza para o compromisso evolutivo.

Há uma infinidade de Espíritos que, realizando demoradas vilegiaturas em determinado tipo de sexo, plasmam, no mundo íntimo, as injunções da situação de tal forma que, encaminhados ao labor noutra tipologia, traem a posição interior, revelando toda a gama de aprendizagens que se lhes fizeram condição natural. Não nos referimos, aqui, às extravagâncias morais que muitos se permitem, tampouco aos problemas que se reportam à sexualidade nas suas diversas exteriorizações.[*]

(*) Vide cap. 6 (Sexualidade) do livro *Após a tempestade*, de nossa autoria (nota da autora espiritual).

Como consequência do impositivo mental sobre a organização fisiológica, podem ocorrer alguns distúrbios na emoção do indivíduo, que facilmente devem ser corrigidos pelo equilíbrio moral, pelo pudor, pelos ideais de enobrecimento que a si se imponha.

Os abusos praticados numa organização sexual impõem limites, constrangimentos e torpezas que exigem uma indispensável retificação na reencarnação imediata; quando, sob a constrição de várias conjunturas aflitivas, se derrapa o Espírito em novos compromissos viciosos, em forma de fuga ou de corrupção das elevadas finalidades, volvendo a expiar, mediante a mudança de morfologia sob a difícil impulsão que se encontra na alma e a prisão na roupagem que lhe não responde ao anseio. De forma alguma, porém, nada justifica a utilização indébita da organização física na cata de prazeres mesquinhos e perturbadores, que mais complicam a situação do Espírito ali reencarnado, oferecendo margem às conexões obsessivas de Entidades viciosas e infelizes da Erraticidade inferior.

No imenso encadear das experiências na sexualidade, o Espírito engendra, pelo comportamento a que se permite, presídios de sombras ou campo iluminado para a ação libertadora nas reencarnações porvindouras.

À medida que vence as más tendências e santifica as aspirações, constrói os futuros implementos de que se utilizará no cárcere da carne, nos tentames que a evolução impõe. Assim, as perturbações da forma e as anomalias nela reveladas são processos regeneradores que as leis disciplinantes da vida estabelecem, a fim de que os calcetas se reabilitem e os defraudadores da ordem se reeduquem.

As acomodações e permissividades de que o homem procura utilizar-se para justificar os desequilíbrios e deslizes morais, por mais se apresentem aceitos e se tornem sociais, não o desembaraçam das condições de atentado às funções corretas da vida, tornando mais inditosas as suas vítimas.

Somente a utilização correta da sexualidade, sob a inspiração do amor e objetivando a família, corresponde à harmonia da emoção e ao bem-estar do equilíbrio, nos processos da comunhão física.

Igualmente, a conduta vazada em atitudes de disciplina e o salutar comportamento afetivo proporcionam as satisfações de plenitude, pelas quais todos se afadigam no mundo, não raro pelos tentames escusos nos quais se frustram.

As viciações não são do corpo, mas do Espírito que nele habita. Sendo atrasado, facilmente o Espírito se condiciona a determinados tipos de gozos, que se convertem em seus dominadores e de que não tem forças para se libertar, repetindo as jornadas terrenas em desesperadas buscas ao fugidio prazer a que se acostumou.

Tal ocorrência não vige apenas nas pessoas ignorantes, mas também sucede nas intelectualizadas que, não obstante o patrimônio cultural de que se fazem portadoras, não lograram a correspondente ascensão moral. Raramente o Espírito consegue numa mesma vida evoluir pelos sentimentos através da inteligência, sendo mais comum realizar um tipo de conquista numa etapa e o outro em posterior tentame.

As viciações, portanto, de qualquer natureza e, particularmente, os transtornos do sexo não são patrimônio das classes menos esclarecidas, mas de todos os homens que sejam Espíritos imperfeitos e se acumpliciem, por desatenção ou rebeldia, aos erros que neles ressaltam e os espezinham. Os estúrdios e levianos transmitem ao organismo as vigorosas influências da personalidade condicionada ao prazer espúrio, mergulhando em mais profundos fossos de que somente a contributo de pesado ônus conseguirão emergir para os recomeços difíceis, em penosas experiências expiatórias.

Cumpre ao Espírito reencarnado submeter-se aos implementos da sua posição de prova ou de dor, granjeando valores novos que o alcem à normalidade triunfante na função carnal, de que se deve utilizar para as vitórias sobre si mesmo, no laboratório da vida física.

As aquisições num como noutro sexo dão ao Espírito conhecimentos completos das vivências numa como em outra forma, preparando--o para libertar-se das complexidades decorrentes da sua morfologia terrena, já que o amor nas Esferas elevadas se expressa diferentemente, mais pelas afinidades afetivas, identidade de gostos, companheirismo e ideais santificados, do que pelos arrazoados das sensações e emoções que acompanham o sexo durante as manifestações carnais.

Santuário da vida e altar de bênçãos, o sexo merece alta consideração, representando obra do nosso Pai Criador, por meio do qual a criatura se faz cocriadora, participando dos divinos mecanismos da vida.

Assim considerando, embora as vinculações existentes entre o amor e o sexo, o amor verdadeiro e real está acima das manifestações sexuais, como atributo da Misericórdia Divina, na sinfonia das belezas com que a vida se expressa.

Ninguém se escuse ao esforço do aprimoramento e da ascensão, porque se encontre transitoriamente vivendo esta ou aquela indumentária física, ou esteja sob a imposição restritiva de tal ou qual satisfação, frustrado ou impedido, ansiando pela maternidade, desejando a paternidade que não chega, sofrendo as severas restrições à usança das forças sexuais...

Das experiências conseguidas nas sucessivas reencarnações, na diversidade da forma, retira o Espírito as luminosas conquistas que o elevam acima das dependências orgânicas e das vicissitudes humanas.

3

ABORTO[3]

Consequência natural do instinto de conservação da vida é a procriação, traduzindo a Sabedoria Divina no que tange à participação das espécies.

Mesmo nos animais *inferiores,* a maternidade se expressa como um dos mais vigorosos mecanismos da vida, trabalhando para a manutenção da prole.

Ressalvadas raras espécies, o animal dócil, quando se reproduz, modifica-se, liberando a ferocidade que jaz latente quando suas crias se encontram ameaçadas.

O egoísmo humano, porém, condescendendo com os preconceitos infelizes, sempre que em desagrado, ergue a clava maldita e arroga-se o direito de destruir a vida.

Por mais se busquem argumentos, em vãs tentativas para justificar-se o aborto, todos eles não escondem os estados mórbidos da

---

3. FRANCO, Divaldo; ÂNGELIS, Joanna de [Espírito]. *Alerta*. 7ª ed. Salvador: LEAL, 2014, cap. 22.

personalidade humana, a revolta, a vingança, o campo aberto para as licenças morais, sem qualquer compromisso ou responsabilidade.

O absurdo e a loucura chegam, neste momento, a clamorosas decisões de interromper a vida do feto, somente porque os pais preferem que o filho seja portador de outra e não da sexualidade que exames sofisticados conseguem identificar em breve período de gestação, entre os povos supercivilizados do planeta...

Não há qualquer dúvida quanto aos "direitos da mulher sobre o seu corpo"; mas não quanto à vida que vige na intimidade da sua estrutura orgânica.

Afinal, o corpo a ninguém pertence, ou melhor, nada pertence a quem quer que seja, senão à vida.

Os movimentos em favor da liberação do aborto, sob a alegação de que ele é feito clandestinamente, resultam em legalizar-se um crime para que outro equivalente não tenha curso.

Diz-se que, na clandestinidade, o óbito das gestantes que tombam, por imprudência, em mãos incapazes e criminosas, é muito grande; e quando tal não ocorre, as consequências da *técnica* são dolorosas, gerando sequelas ou dando origem a processos de enfermidades de longo curso.

A providência seria, portanto, a do esclarecimento, da orientação e não do infanticídio covarde, interrompendo a vida em começo de alguém não consultado quanto à gravidade do tentame e ao seu destino.

Ocorre, porém, na maioria dos casos de aborto, que a expulsão do corpo em formação, de forma nenhuma interrompe as ligações *Espírito a Espírito*, entre a futura mãe e o porvindouro filho.

Sem entender a ocorrência, ou percebendo-a, em desespero, o ser espiritual agarra-se às matrizes orgânicas e, à força da persistência psíquica, sob a frustração do insucesso, termina por lesar a aparelhagem genital da mulher, dando gênese a doenças de etiologias muito complicadas, favorecendo os múltiplos processos cancerígenos.

Outrossim, em estado de desespero, por sentir-se impedido de completar o ciclo da vida, o Espírito estabelece processos de obsessão que se complicam, culminando na alienação da mulher de consciência culpada, formando quadros depressivos e outros em que a loucura e o suicídio tornam-se portas de libertação mentirosa.

Ninguém tem o direito de interromper uma vida humana em formação.

Diante da terapia para salvar a vida da mãe, é aceitável a interrupção do processo da vida fetal, em se considerando a possibilidade de nova gestação ou o dever para com a vida já estabelecida, em face da dúvida ante a vida em formação...

Quando qualquer crime torna-se um comportamento legal, jamais se enquadrará nos processos morais das Leis Soberanas que sustentam o Universo em nome de Deus.

Diante do aborto em delineamento, procura pensar em termos de amor, e o amor dir-te-á qual a melhor atitude a tomar em relação ao filhinho em formação, conforme os teus genitores fizeram contigo, permitindo-te nascer.

4

ABORTAMENTO[4]

Dentre os crimes perpetrados contra a Humanidade, avulta-se, em gravidade, o abortamento delituoso.

Sejam quais forem as justificativas apresentadas para interromper-se a vida fetal em desenvolvimento – excetuando-se o aborto terapêutico para salvar-se a vida da gestante –, quem se entrega ao nefando tratamento abortivo incide em delito grave de difícil recuperação.

A vida não é patrimônio da criatura humana, que apenas empresta ao Espírito o envoltório carnal transitório, não lhe cabendo, portanto, o direito de a fazer cessar.

Além disso, a interrupção da vida física de forma alguma anula a de natureza espiritual, que é a verdadeira, independente da organização material, não obstante esta não subsista sem aquela.

A vida orgânica inicia-se no momento da fecundação, e qualquer medida de eliminação ou impedimento do seu finalismo significa crime, mesmo quando não considerado pelas legislações humanas...

---

4. FRANCO, Divaldo; ÂNGELIS, Joanna de [Espírito]. Abortamento. In: FRANCO, Divaldo; ÂNGELIS, Joanna de [Espírito]; PRISCO, Marco [Espírito]. *Luz viva*. 5ª ed. Salvador: LEAL, 1996, cap. 12.

Um filho, em qualquer circunstância, é compromisso assumido antes do berço pelos genitores, que responderão perante as Divinas Leis pelo comportamento a que se entreguem.

Em consequência, a união sexual não pode prescindir da responsabilidade, nem do enobrecimento do amor, a fim de que não derrape na vulgaridade do instinto, dando curso a paixões dissolventes e constituindo algema escravizadora, quando deveria ser emulação ao progresso, estímulo à felicidade e à paz.

Argumentos de natureza socioeconômicocultural são colocados como mecanismo de evasão ao compromisso perante a vida, gerados pelo egoísmo de quantos não desejam repartir os excessos de que desfrutam, transformando esses valores abundantes em empregos, escolas, oportunidades de dignificação social, de integração comunitária entre aqueles que padecem limite ou escassez...

Colocações e enfoques apresentados como de direito da mulher ou do homem deliberar quanto ao prosseguimento ou não da gestação, caracterizam-se pelo mesmo sentimento ególatra, que se alia ao utilitarismo e ao orgulho para escapar-se da responsabilidade.

Justificativas de superpopulação carecem de legitimidade ante a prática do aborto, por não encontrarem apoio na ética-moral nem na religião, desde que a ciência moderna oferece alguns recursos e técnicas não criminosos para o planejamento familiar.

Diante da tentação do abortamento criminoso, opta pela oportunidade de manter o filho.

Já que o não podes consultar se ele gostaria ou não de ser assassinado, faculta-lhe a bênção da reencarnação e ama-o, seja qual for a circunstância em que te chega.

Oferta-lhe carinho e ampara-o hoje, a fim de que ele te proteja amanhã.

Amor e sexualidade: a conquista da alma

E mesmo que o filho não te venha a amparar mais tarde, terás a consciência tranquila, que te constituirá passaporte ante a aduana da Vida espiritual que atravessarás, mais tarde, livremente, ante os códigos supremos da Divina Consciência, geradora e condutora da vida em todas as suas manifestações.

5

Sexo e vida[5]

Considerando a insensatez que comanda as paixões humanas inferiores, ressalta a loucura do sexo, na condição de produto exposto à clientela alucinada, que se posta à entrada dos supermercados da vida.

Desnaturado, na sua função essencial, torna-se, a cada dia, produto de exagerado consumo, tal a liberalidade que recebe e a má informação de que desfruta a respeito das suas finalidades.

Por isso mesmo, diante da exorbitante aquisição dos ingredientes para o seu abuso, multiplicam-se os usuários frustrados e desiludidos, descambando para os tóxicos, o alcoolismo, a sandice, a depressão e a morte prematura.

Confunde-se o sexo com a civilização, qual se esta, a fim de caracterizar-se como progressista, devesse assentar os seus alicerces no lodaçal da promiscuidade ora estabelecida.

Licenças morais, em detrimento de consciência para a ação, abrem os precedentes do abuso sexual, tornando os indivíduos cansados e ansiosos, que buscam prazeres nas sensações estafantes, enquanto abandonam as emoções agradáveis da alegria e da plenitude.

---

5. FRANCO, Divaldo; ÂNGELIS, Joanna de [Espírito]. *Momentos de alegria*. 4ª ed. Salvador: LEAL, 2014, cap. 16.

(...) E o sexo governa as aspirações humanas, apresentando-se como o fator principal a viver e a meta maior a ser lograda a qualquer preço, não raro, responsabilizando-se por crimes inomináveis, que se tornam ou não conhecidos, algemando o algoz à corrente do remorso que atravessa o túmulo e ressurge em funestas reencarnações futuras.

Dando amplitude genésica ao sexo, que é a sua função primeira, encontramo-lo na força de atração mantida pela vida.

No microcosmo, ei-lo na corrente de energia que une os cristais, tanto quanto no macrocosmo, fazendo-se presente na energia de equilíbrio que fixa os astros nas suas órbitas.

No homem, ele é também o agente da inspiração e da beleza, da coragem e do amor, devendo ter as suas expressões canalizadas para os ideais de sustentação da cultura, na filosofia, na ciência, na religião, na sociedade de libertação dos seres.

Bem conduzida, a força sexual é vida, enquanto que, se deixada ao desrespeito, torna-se veneno e pantanal, que vitima sem piedade quem a execra através do mau uso.

Doenças geradas pelo psiquismo desequilibrado do homem, que fortalece vírus de rápida proliferação e acelerada mutação de estrutura, convidam a sociedade contemporânea a uma mudança de comportamento moral, na área sexual, assim readquirindo consciência dos seus deveres de criaturas inteligentes, cujas funções estão colocadas para o serviço da vida, e não desta para aquelas.

Educa a mente, disciplina a vontade, corrige os hábitos e utiliza-te do sexo como fonte de inspiração e reprodução, de criatividade e ação enobrecida, sob o comando do amor, que é a força apropriada para dirigi-lo e dignificá-lo.

Sexo e vida são termos da mesma realidade corporal. Conforme te utilizares, serás senhor ou escravo de um como de outro.

Tem cuidado!

6

SEXO E FORÇA[6]

Ante o sexo, defrontas a vida.

Fonte geradora de energias, é aparelho pelo qual se expressam os estados de primitivismo e de elevação característicos de cada Espírito.

A conduta com que o utilizes tornar-se-á motivo de encarceramento ou de libertação para ti mesmo.

Fator de estímulos e de forças, pode converter-se em central de desgaste orgânico quanto de alucinação.

Controlado, é dínamo fomentador de vitalidade e saúde. Em desequilíbrio, infelicita e compromete por largo período.

Governado pela mente, que o deve conduzir com respeito e dignificação, às vezes se expressa violento com o potencial do instinto de que se reveste.

Impulso que surge inesperado, sob disciplina mantém-se em calma, proporcionando bem-estar e alegria.

O mau uso de que tem sido objeto é responsável por verdadeiras calamidades para o indivíduo, tanto quanto para o organismo social.

Responderás, ante a própria consciência, pelas induções e seduções sexuais que estimules.

---

6. FRANCO, Divaldo; ÂNGELIS, Joanna de [Espírito]. *Momentos de coragem.* 8ª ed. Salvador: LEAL, 2014, cap. 17.

O parceiro, a quem atrais e encorajas, estabelecerá contigo uma ligação psíquica e emocional que não romperás com facilidade, não obstante, quando saturado dele, interrompas a comunhão física... O que lhe suceda, a partir daí, terás a ver, na área da responsabilidade espiritual.

Cada criatura é, psicologicamente, o que remanesce do seu passado espiritual.

No que tange ao sexo, a pessoa reflete, no presente, o comportamento que se permitiu no passado. Por essa razão, as necessidades se exteriorizam de forma variada, esperando educação e vigilância.

Desse modo, tem cuidado antes de te comprometeres, evitando envolvares-te nas teias complicadas das paixões brutalizadoras.

Da mesma forma, não imponhas as tuas *necessidades* a outrem, no que diz respeito às funções sexuais, liberando-te de futuros remorsos que te consumirão interiormente.

O ardor arrebatado sempre cede lugar ao cansaço, à indiferença, ao *extenuamento*...

Dirige as tuas forças genésicas como quem conduz um veículo com freios inseguros: sempre vigilante, canalizando-as para a sustentação dos ideais de enobrecimento e das lutas de elevação moral.

De forma alguma iludas a quem desejes, promovendo armadilhas e situações que se transformarão em problemas para ti mesmo.

Enriquece o teu sexo com o estímulo do amor, a fim de que este o controle com sabedoria e nobreza.

Respeita os companheiros que se te apresentem atormentados ou que se situam em posições diferentes da tua.

Não os censures, nem os explores.

Todos estão realizando experiências: uns se edificam; outros retificam; diversos se complicam...

Cada qual sabe quanto lhe custa a situação em que se encontra.

Sê bondoso para com todos, sem te manteres conivente com ninguém.

Se alguém te acusa de desvio de conduta ou de qualquer outra razão, recorda-te de que o fazendo com autoridade, a si mesmo se com-

Amor e sexualidade: a conquista da alma

plica, pois que em tal experiência ambos os cômpares se encontram na mesma faixa vibratória e posição moral.

Segue adiante, enfrentando a tua luta libertadora, e não odeies ou te deixes desesperar ante as imposições do sexo.

Exercita equilíbrio, corrige a onda mental e vence o tempo.

Confiando em Deus e fazendo o melhor ao teu alcance, lograrás utilizar-te corretamente desta abençoada usina de forças, que é o sexo a serviço da vida.

7

SEXO E COMPROMISSO[7]

O problema do sexo é, invariavelmente, problema do Espírito. Reencarnado para o superior desiderato de recuperações morais, em face dos impositivos da evolução, o Espírito elabora, com os recursos de que dispõe, o domicílio de células que se lhe torna valioso instrumento para as operações de resgate e crédito na esfera física.

Abusos de ontem surgem como limitações de hoje.

Desgastes do passado aparecem como carência de agora.

Emboscado nos tecidos carnais, o Espírito imprime, por imperiosa necessidade de crescimento, frustrações e ansiedades, distúrbios e falsas necessidades genésicas nas telas mentais responsáveis pelas aspirações e investidas que o atormentam inexoravelmente.

Por esse motivo, a questão essencial no panorama do sexo não diz respeito à continência ou à concessão emocional, mas à maneira como se cultiva uma ou outra condição.

Nesse particular, é urgente o processo de educação mental em relação ao aparelho genésico, sublime santuário de perpetuação da espécie na Terra.

---

7. FRANCO, Divaldo; ÂNGELIS, Joanna de [Espírito]. *Dimensões da verdade*. 1ª edição comemorativa. Salvador: LEAL, 2015, cap. 54.

Muitas escolas, fascinadas pelo assunto, sugerem a abstinência matrimonial através do celibato, sem o respeito, no entanto, à castidade.

Diversas outras prescrevem a castidade sem o amor disciplinante e educativo, e ambas as correntes, por constrição, criam desajustes e aflições dificilmente abordáveis.

Outras mais, ainda insistem no "amor livre", convocando o corpo e a mente ao retorno à selvageria instintiva, condimentada com toda sorte de concessões amesquinhantes, em que o homem se corrompe e perverte, impondo futuros renascimentos marcados pela desventura e anormalidade...

Todavia, no celibato sem a abstinência sexual, o homem se despudora; na castidade sem a educação moral, desequilibra-se, e no abuso se compromete...

Qualquer atitude extremista opera desarmonia e perturbação, com lamentáveis consequências que se estendem após o decesso carnal, em processos de sombras e aflições indescritíveis...

As águas que, embora represadas recebam um contínuo fluxo das suas nascentes, transbordam com graves consequências, quando as comportas não lhes franqueiam o vasto campo para espraiar-se.

A chama indisciplinada que saltita irresponsável pode tornar-se causa de incêndios calamitosos e devoradores.

O paul desprezado, em estagnação, se converte em abismo de morte que a todos ameaça...

Também o sexo indomado ou incorreto constitui ameaça ao homem que o porta, fazendo-se grave problema sociológico e eugenético como sói acontecer na tormentosa vida hodierna...

Destinado aos nobres objetivos da vida, degenera-se quando incompreendido, em fator aniquilante, comprometendo gerações inteiras...

Causa de conflitos sem-nome, é o sexo em desalinho a geratriz de muitas guerras de extermínio e dos crimes mais hediondos.

No entanto, na Terra, vive-se mais em função dele do que ele em função da vida.

Pensa-se, fala-se, cultiva-se o sexo como se o ser fosse destinado unicamente à função sexual, sem outro objetivo.

Por isso o desespero e a anarquia moral campeiam soberanos...

Respeita, no altar genésico da câmara física em que te enclausuras no renascimento carnal, a excelsa concessão da *Divindade* para a tua libertação santificante.

Utiliza-te do amor, na elevada expressão do matrimônio e permuta com a alma eleita a tua expressão de saúde, tecendo sonhos de ventura indestrutível para o futuro imortal.

Mas não te deixes conduzir pelas falsas e imaginosas conjecturas da emoção em desequilíbrio, inspirado por atentos verdugos da tua paz, desencarnados que te seguem, a conúbios amorosos de ilicitude, justificando tardios reencontros espirituais, em consequentes deserções do dever. Nem te afastes do compromisso assumido, alegando necessidade de libertação...

Cumprimento de deveres no tálamo conjugal é também castidade libertadora.

A conjuntura afetiva que desfrutas é a que mereces. Aproveitá-la sabiamente é a honra que disputas.

E, se encontraste no ideal que esposas o campo de estímulos fraternais para a nobre preservação dos deveres elevados do sexo que acalentas, cultua o trabalho e o bem, convertendo tuas disponibilidades em energias nervosas revigorantes, para que a virtude da caridade – essa venerável ginástica do espírito – te conceda os louros da vitória sobre a luta que travas nos dédalos íntimos.

No entanto, se o exercício de renúncia a que te afervoras te faz hipocondríaco e triste, não vaciles em obedecer à prescrição do Apóstolo dos Gentios, na 1ª Epístola aos Coríntios, capítulo sete, versículo nove: "Mas, se não podem conter-se, casem-se. Porque é melhor casar do que abrasar-se".

Teu sexo pode ser comparado aos teus olhos, requerendo idênticos, especiais cuidados.

Para que vejas, é necessário que o raio de luz fira a câmara óptica. Para que vivas equilibrado, servindo a Jesus, nas lides espíritas, deixa que os superiores estímulos do teu equilíbrio sexual, como luz de harmonia interior haurida na dignidade evangélica que o Espiritismo restaure, atinjam a câmara da tua visão espiritual, oferecendo-te panoramas jamais antes imaginados, como libertação real e ascensão legítima, a que aspiras.

8

ANTE O SEXO E O AMOR[8]

"À medida que progride moralmente, o Espírito se desmaterializa, isto é, depura-se, com o subtrair-se à influência da matéria; sua vida se espiritualiza, suas faculdades e percepções se ampliam; sua felicidade se torna proporcional ao progresso realizado. Entretanto, como atua em virtude do seu livre-arbítrio, pode ele, por negligência ou má vontade, retardar o seu avanço; prolonga, conseguintemente, a duração de suas encarnações materiais, que, então, se lhe tornam uma punição, pois que, por falta sua, ele permanece nas categorias inferiores, obrigado a recomeçar a mesma tarefa. Depende, pois, do Espírito abreviar, pelo trabalho de depreciação executado sobre si mesmo, a extensão do período das encarnações."

G. Cap. XI – Item 26.

Como o fogo que necessita ser disciplinado para ser útil, o sexo deve ser dirigido pelo amor a fim de preencher a sua finalidade santificante.

A chama que a fornalha retém, aproveitando-lhe o calor, quando se movimenta a esmo, alastra-se em incêndio destruidor.

O sexo, que perpetua a vida humana nos misteres procriativos quando bem conduzido, é o mesmo elemento que escraviza a alma quando transborda desgovernado.

Se te encontras em tormentos íntimos, açoitado pelo látego dos desejos infrenes, recorda o amor no seu roteiro disciplinante e corrige o desequilíbrio, imolando-o ao dever.

---

8. FRANCO, Divaldo; ÂNGELIS, Joanna de [Espírito]. *Espírito e vida*. 1ª edição comemorativa. Salvador: LEAL, 2016, cap. 57.

Não acredites que a emoção atendida nas fontes turbadas possa oferecer-te a tranquilidade que almejas. Amanhã, retornarás, voraz, novamente vencido. E enquanto não a submetas ao crivo rigoroso do teu comando, serás conduzido de forma impiedosa e aniquiladora.

Busca, assim, a linfa pura do amor e, sacrificando o impulso momentâneo, lava as impurezas emocionais que te maculam.

Educa o pensamento por onde veiculam os primeiros gritos da emotividade desequilibrada. Todo pensamento que se cultiva, transforma-se em ação que se aguarda.

Compreende que as exigências do desejo de agora nasceram ontem, no abuso da função sexual, quando o amor delinquiu contigo, favorecendo os excessos prejudiciais.

Enquanto te inclinas sedento sobre as largas faixas do gozo animalizante, procurando as facilidades que conduzem à lassidão e à morte, outros corações, marcados por sinais indefiníveis, arrastam os delitos do passado em alucinantes punições no presente, chorando em segredo, ao sorverem a taça de fel da correção expiatória.

Não convertas as sublimes experiências da continência sexual em favores degradantes que conduzem à loucura e ao crime.

Ausculta o coração dos favorecidos pelas concessões do impulso desgovernado e compreenderás quanto são infelizes e insaciados.

Procura sondar a própria alma em rigorosa disciplina produtiva, fiel ao roteiro do dever mantenedor da vida e, se encontrares ardência íntima, constatarás que ela prenuncia libertação consoladora que logo advirá. Por essa razão, a vitória sobre a carne não pode ser protelada com pretexto de "falta de forças". Se na condição de amo não consegues dirigir, na posição subalterna mais difícil será a tua ordenação.

Os que atravessaram os portais do Além-túmulo, vencidos pela lascívia e pelos desvios da função genésica, permanecem doentes pela emoção atormentada, transformados em párias sociais. Encontrá-los-ás no caminho das criaturas, envergando roupagens masculinas e femininas, retidos em invólucros teratogênicos, quais presidiários em cárceres estreitos e disciplinantes, em longos processos de reeducação.

Ama, portanto, embora não recebas a retribuição.

Ama o dever idealista, inspirado pelas Forças superiores, oferecendo tuas energias à produção do bem que libertará o homem de todos os males.

Desenvolve a fraternidade no coração, deixando-a espraiar-se como bênção lenificadora, consoante nos amou Jesus Cristo, corrigindo a inclinação da mente em relação àqueles com quem podes privar da intimidade, libertando o Espírito e enriquecendo os sentimentos.

Trabalha em favor dos outros, mesmo que estejas transformado em brasa viva, e vencerás a aflição, recebendo as moedas de luz qual salário em forma de serenidade.

No entanto, se apesar dos melhores esforços não conseguires a desejada paz, continuando aflito, não creias que, sorvendo a taça embriagadora, amainarás a tempestade. Logo cessando o efeito entorpecente, a sede devoradora retornará, agravando o processo liberativo.

O problema do sexo é do espírito e não do corpo, e só pelo espírito será solucionado.

Procura, antes de novos débitos, o amantíssimo coração de Nosso Pai, através da oração confiante, entregando-te a Ele, para que a Sua inefável bondade, que nos criou e dirige, nos dê o indispensável vigor de conduzir o nosso sexo em direção do amor sublime que nos proporcionará a legítima felicidade.

9

SEXO SEM AMOR[9]

Esta volúpia tormentosa em que te enlaças em relação a alguém, levando-te à ansiedade crescente e apaixonada, é desequilíbrio no sentimento, na área da sexualidade.

Essa busca incessante de companhia, em sôfrega inquietação, assinalando as tuas horas com revolta, é desarmonia de conduta no campo do sexo.

As motivações para viver no enleio de pessoas cuja presença te entusiasma, fazendo-te arder em desejos infrenes, é descontrole da emoção que foge para as sensações do anseio sexual.

Isto que te abrasa em sonhos, mesmo quando acordado, propiciando-te delírios mentais em relação a outrem, é desgoverno de direção da libido malcanalizada.

Isso que te amargura, por ver os indivíduos em parcerias, enquanto carpes solidão, num mar de desejos malsopitados, são frustração e mágoa do sexo malconduzido.

A paixão exasperada, que não se submete às regras do bom senso nem da sanidade, leva às últimas consequências o comportamento sexual, que assinala a alma com feridas laceradoras.

---

9. FRANCO, Divaldo; ÂNGELIS, Joanna de [Espírito]. Sexo sem amor. In: FRANCO, Divaldo; Diversos Espíritos. *Seara do bem*. 1ª ed. Salvador: LEAL, 1984, cap. 29.

Os prazeres do sexo passam rápido, em face da sua exorbitante insaciabilidade.

Atenazam a mente, exaurem o corpo, aturdem o sentimento, depereçem a vida, sombreando de melancolia as horas de soledade e cansaço.

Só o amor conduz com segurança o sexo a serviço da vida.

Examinam os que tombaram nas armadilhas do sexo sem amor.

Vê-los-ás exibindo júbilos que perderam, ansiosos por experiências novas, submetidos a toda sorte de ocorrências...

Envelhecidos prematuramente, tornam-se fulgurantes à noite, num submundo do vício, escondendo, durante o dia, os sinais da decadência.

Vendendo ou comprando ilusões, transitam de mão em mão até a exaustão ou ao abandono, quando se consomem, para esquecer a desdita, nos alcoólicos ou nas drogas destruidoras.

Enquanto são jovens as suas carnes, fazem-se objeto de prazeres, frustrando-se em cada tentativa e mais se atirando aos sonhos mentirosos em vãs esperanças de reconforto e plenitude.

Logo se tornam desgastados, intentam recuperar as aspirações sob os estimulantes das perversões.

Há mães que vendem o corpo sem amor, porque têm frágeis filhinhos a sustentar e não sabem como recuperar-se, ou não conseguem evadir-se das armadilhas em que tombaram.

Há jovens sorridentes no mercado sexual, sorrindo para venderem produtos, com lágrimas que as luzes queimam e tudo dariam por um pouco de amor que não obtêm.

Há exploradores do sexo, que se locupletam na ignorância e na ingenuidade dos que sonham com felicidade através dele, tornando-se escravos da impiedade.

Não censures a ninguém, especialmente aqueles que se fazem vítimas pelo sexo.

Sê gentil com eles.

Ignoras quantos indivíduos são infelizes nos campeonatos do sexo, na promiscuidade sexual, no luxo do comércio das fontes genésicas.

...E como se não bastassem as tórridas aflições em que se vêm envolvidos, nem mesmo a desencarnação os liberta, porquanto, no desregramento a que se entregam, fazem-se instrumento de Entidades viciosas que deles se utilizam, prosseguindo no infeliz intercurso além da morte do corpo...

O amor por que sofres e que anelas, te aguarda.

Se o não encontraste ainda, tem paciência.

Não te comprometas com o sexo, a fim de não perderes o afeto de plenitude que te apaziguará.

Se demora de oferecer-te repouso e satisfação, espera-te depois do corpo.

Sem ele resgatas o mau uso que fizeste, quando o tinhas contigo.

Canaliza as tuas forças afetivas para outrem que tem carência.

Ama sem a utilização do sexo, superando-te por amor.

O bem que lhes faças, amando-os, a ti fará bem.

Serão as tuas sementes hoje lançadas ao solo para a colheita de amanhã.

E quando te sentires triste, na soledade, não tombes em depressão, recordando-te de Jesus, o Amor não amado que se deu e continua doando-se em nome do Amor do Nosso Pai.

Roma, Itália, 13.11.1983.

10

PROBLEMAS DO SEXO[10]

Atônito e angustiado sob a constrição deprimente da vasta propaganda do sexo alucinado, lentamente perdes a diretriz do equilíbrio diante do desvario que em todo lugar comanda homens e mulheres, conduzindo-os a estados lamentáveis.

Lês, desnorteado, conceitos da "nova moral" e já não consegues discernir quais os estados patológicos da emoção desvairada daqueles que constituem a vida normal.

Tratadistas preocupados em granjear público delirante, investem, aventureiros, nos problemas graves do comportamento humano, abordando questões de transcendente importância, ao paladar da imensa neurose que se apossa das multidões, e apresentam figurações desvirtuadas da realidade, como se o homem nada mais fosse do que um "animal que pensa", produzindo em ti compreensível desajuste ético.

Ouves conferências e acompanhas discussões de sexólogos de ocasião, que tracejam rotas novas, convertendo o ser num feixe de sensações de baixa ordem, e te perturbas com a paisagem moral então em moda.

---

10. FRANCO, Divaldo; ÂNGELIS, Joanna de [Espírito]. *Lampadário espírita*. Rio de Janeiro: FEB, 1996, cap. 39.

Para onde te voltas, a dissolução substitui a dignidade e as resistências do caráter se esmaecem e se desacreditam, avassalando desoladoramente os cenários da Terra.

Somente se fala, se vê, se considera o sexo no seu aspecto menos recomendável, qual seja o rebaixamento dos valores genésicos à condição de miserabilidade moral.

Constatas, porém, nas dúvidas que irrompem, vigorosas, no teu íntimo, que eles, os patrocinadores da sexolatria e os aficionados das paixões aviltantes, estão atormentados, infelizes, deslizando, líderes que se fizeram da presente geração, nos resvaladouros nefandos do suicídio, ou sucumbem, desditosos, nas masmorras de elegantes manicômios, nos quais, aniquilados, aguardam a dádiva da desencarnação que demora...

A imensa plateia dos descaracterizados morais, infortunados e infortunadores haure, no entanto, nas regiões do submundo espiritual, donde procedem, novas especulações espezinhadoras para o próprio flagício, espalhando anomalias.

Não te perturbes e não te atemorizes.

Aprofunda os conceitos da Boa-nova com acuidade e te surpreenderás com a luminosa mensagem ética do Cristo, cujo conteúdo mais se faz consentâneo com os dias presentes e mais se afigura vigoroso, como fonte inexaurível que é para a felicidade humana, caminho único, conhecimento exequível em que se transforma para a mentalidade técnica, já que, a seu tempo, as mentes ainda não adredemente preparadas não a poderiam compreender.

O sexo é uma usina de força para a perpetuação da vida na Terra.

Elaborado pela Excelsa Sabedoria Divina para o ministério da prole, constitui-se de substâncias sutis, nos tecidos delicados do espírito, a refletir-se nos departamentos orgânicos, ao império da mente, para as finalidades a que se destina.

Enobrecido, transforma-se em nascente de bênçãos, e, conspurcado, faz-se igualmente paul desditoso a serviço da enfermidade.

❖

Amor e sexualidade: a conquista da alma

Quando as circunstâncias insidiosas da vida de relação chegarem aos painéis da tua mente com apelos de viciação, busca o nascedouro da oração e acalma os tormentos ultores nas águas tranquilizantes da "entrega espiritual", através da comunhão pela prece.

Se a ardência da inquietude perturbar o silêncio necessário ao intercâmbio de que necessitas, insiste e insiste até que a calma substitua a agonia e a renovação da paz harmonize as tuas forças para o roteiro por onde deambulas, buscando a perfeição a que aspiras.

Suprime das palestras os temas vulgares, que relatam as mesquinhas ambições.

Corrige a inclinação mental adaptada às conjunturas de ordem inferior do corpo em desalinho.

Cultiva a leitura edificante e visita aqueles que padecem, vitimados em si mesmos, após as loucuras a que se entregaram, transformados hoje em lições vivas, ensinando a quem necessita de aprendizagem.

Confia no Senhor e arrima-te ao trabalho da caridade – ponte de luz que liga a criatura ao seu Criador, com inusitada segurança.

Sem embargo, nas lutas do sexo, constrói o lar e mantém-no através do matrimônio nobre, fazendo-te sustentáculo da alma que elegeste, e sustentando-a, também, de modo que os dois corpos sejam um só corpo e as duas almas se compreendem como se uma alma fora, prosseguindo na romagem carnal, animado, conservando a certeza de que a escassez de hoje traduz abuso de ontem e de que o amanhã resultará da utilização do patrimônio de agora. No entanto, em considerando os problemas do sexo, se caminhas a sós ou se estás em amargura, recorre ao amor nas bases éticas do Evangelho de Jesus, pois que só esse amor oferece comando reto para a felicidade de todas as criaturas.[11]

---

11. Tema para estudo: *O Livro dos Espíritos* – Parte 3ª, Capítulo IV – *Casamento e celibato*. Leitura complementar: *O Evangelho segundo o Espiritismo* – Capítulo XXII – *Indissolubilidade do casamento*. – *Itens 1-4* (nota da autora espiritual).

11

VÍCIOS E PAIXÕES[12]

"As paixões são alavancas que decuplicam as forças do homem e o auxiliam na execução dos desígnios da Providência. Mas, se, em vez de as dirigir, deixa que elas o dirijam, cai o homem nos excessos e a própria força que, manejada pelas suas mãos, poderia produzir o bem, contra ele se volta e o esmaga."
(Comentários de Allan Kardec à resposta da questão nº 908.)

As paixões que dominam as criaturas humanas são resultado das heranças instintivas primevas que as impulsionavam na conquista das necessidades, emulando ao avanço e à preservação da vida. Na impossibilidade momentânea, por falta do discernimento e da razão, para bem compreenderem os valores ético-morais, as paixões, algumas mesmo asselvajadas, atiravam-nas nas lutas renhidas, das quais resultavam a sobrevivência e os logros para uma melhor qualidade de vida, mesmo que de maneira inconsciente.

À medida que lhes foi surgindo o senso moral, deram-se conta da necessidade de administrar aquelas que se apresentavam de forma violenta, impondo a posse alucinada a tudo quanto passasse a interessar-lhes.

O surgimento do respeito aos direitos do próximo lentamente deu margem à educação das tendências perversas e insanas, que

---

12. FRANCO, Divaldo; ÂNGELIS, Joanna de [Espírito]. *Lições para a felicidade.* 5ª ed. Salvador: LEAL, 2015, cap. 27.

passaram a ser direcionadas com objetivos mais elevados. Isto porque perceberam que a vida necessita do grupo social, e que somente por meio de uma convivência ordeira é que ele pode sobreviver aos fatores mesológicos e sociológicos, adquirindo forças para os enfrentamentos e a construção dos seus ideais.

O conhecimento dos mecanismos da vida e de tudo quanto a cerca, a sustenta ou a ameaça, passou a oferecer recursos para a segurança nos relacionamentos, sem a necessidade da imposição dos seus caprichos, surgindo o entendimento psicológico saudável, que abre as portas para a fraternidade e a convivência, nos quais o ser se eleva e se engrandece.

Impossibilitadas de serem destruídas, por fazerem parte da *natureza animal*, foram canalizadas para as edificações de engrandecimento e de cultura, de solidariedade e de paz, de beleza e de arte, de fé e de amor, decuplicando-lhes a potência, agora manipulada com sabedoria, resultando como verdadeiras bênçãos de que não pode prescindir a sociedade.

As paixões, em si mesmas, são neutras, porque procedem das heranças atávicas. O uso que se lhes dá é que responde pelas consequências felizes ou destrutivas de que se revestem.

Ninguém pode viver sem as paixões, que lhe constituem parte do ser que é, em trânsito para a realidade espiritual. Enquanto viceje a carne, ei-las impulsionando, numa como noutra direção, dignificante ou perturbadora, conforme a sua estrutura emocional.

A cada um, portanto, cabe o dever de as bem conduzir, assim adquirindo autocontrole e conseguindo as metas dignificantes a que se propõe.

Os vícios, por sua vez, são os devastadores efeitos das paixões, que se enraízam em forma de hábitos de qualidade inferior, responsáveis pelos desastres morais e emocionais que trucidam as criaturas imprevidentes que se lhes vinculam sem qualquer esforço para a sua libertação.

Amor e sexualidade: a conquista da alma

Apresentam-se disfarçados ou desvelados, de forma que se impregnam em a natureza humana, transformando-se em verdadeiros verdugos portadores de inclemência e perversidade.

De início, asfixiam nas suas malhas estreitas e apertadas aqueles que se lhes concedem predominância no comportamento.

Aturdem, enfermam, enfraquecem, desarticulam a vontade e terminam por infelicitar sem qualquer compaixão o seu próprio mantenedor.

Depois, espraiam-se, contaminando outros desavisados que se deixam enganar com as suas falsas promessas de alegria e de bem-estar, de euforia e de poder, que logo se convertem em decepção e fuga para novos tentames em escala ascendente e volumosa até a consumpção da sua vítima.

Concomitantemente, os viciados perturbam a ordem social, por desejarem impor-se ou para manterem as suas necessidades mórbidas, tornando-se sicários de outras vidas ou sendo por si mesmos vitimados.

Com essa imperfeição moral, que resulta da falta de esforço para libertar-se dos estágios primários pelos quais transitou, o Espírito que se deixa vencer pelos vícios permanece em atraso no curso da evolução, tornando-se elemento pernicioso para a sociedade, que passa a vê-lo como inimigo do progresso, credor de penas que se lhe devem impor, a fim de serem evitados danos aos demais membros, tanto quanto a si mesmo.

Os vícios são cruéis mecanismos emocionais a que o ser se adapta, permitindo-se-lhes a vigência e soberania nas paisagens das emoções.

Infelizmente, na sociedade contemporânea, muito esclarecida em torno das conquistas tecnológicas e científicas, as paixões perniciosas e os vícios destrutivos recebem muita consideração, quando os indivíduos são açodados para conseguirem os seus propósitos, às vezes ignóbeis, ou para saírem-se bem nas reuniões de negócios ou de recreios, apelando para os alcoólicos, o tabaco, o sexo e outras drogas aditivas.

Longe está o homem de ser social, somente porque se permite o uso e o abuso dos vícios em voga em cada época, ou das paixões animalizantes que o fazem sobressair, conquistando o enganoso brilho da mídia também alucinada em algumas áreas da atual comunicação de massa...

O ser humano marcha para a saúde plena, e as paixões que nele remanescem devem ser encaminhadas para os ideais de crescimento interior e de realização externa, ampliando os horizontes de felicidade do planeta.

Da mesma forma, os vícios deverão ser transformados em hábitos saudáveis ou em peregrinas belezas que deles emergem, lucilando como estrelas no zimbório da noite escura.

Cada época da sociedade sempre se tem caracterizado pelos seus vícios e virtudes, desgraças ou grandezas que foram vivenciados.

Inegável que antes da queda de todas as civilizações do passado, que começou no apogeu da sua glória e do seu poder, quando os valores morais cederam lugar aos vícios e os ideais de engrandecimento foram substituídos pelas paixões devoradoras, fizeram-se vítimas da insânia os seus governantes e o povo em geral.

As paixões, dessa forma, podem ser alavancas direcionadas para o desenvolvimento cultural, emocional, social e espiritual da Humanidade, assim como os vícios mórbidos e devastadores deverão ser convertidos em sentimentos de autocompaixão, de amor e de caridade para com todas as demais criaturas.

Agindo-se assim, a transição do planeta para melhor será feita com mais facilidade, porque os seus habitantes terão optado por conduta mais condizente com a harmonia que vige no cosmo e a plenitude que lhe está destinada.

12

SEXO E OBSESSÃO[13]

Espíritos perturbados em si mesmos reencarnam-se, anatematizados por desequilíbrios físicos e psíquicos que procedem das lembranças negativas e dos erros anteriormente praticados.

Espíritos inquietos reemboscam-se na indumentária fisiológica, açulados por falsas necessidades a que se atiraram impensadamente nas existências passadas.

Espíritos aturdidos recomeçam a experiência carnal sob o guante de paixões que devem superar e derrapam nas experiências comprometedoras em que mais se infelicitam.

Espíritos ansiosos vitalizam as ideias que os atormentam e estabelecem conexões enfermiças com outras mentes, engendrando dramas obsessivos de consequências lastimáveis.

Espíritos viciados se recondicionam no corpo somático e se permitem acumpliciamento com outros seres reencarnados, em severos processos de vampirização recíproca, em que desarticulam os centros genésicos, passando a experimentar desditas inenarráveis.

Estatísticas eficientes realizadas do *lado de cá* informam que os processos infelizes da criminalidade e do desespero procedem invariavelmente do ódio. Merece, porém, examinar que o ódio resulta das

---

13. FRANCO, Divaldo; ÂNGELIS, Joanna de [Espírito]. *Florações evangélicas*. 1ª ed. Salvador: LEAL, 2004, cap. 56.

frustrações afetivas, das ansiedades incontidas, do egoísmo exacerbado, da maledicência sinistra, da ira frequente, das ambições desmedidas, dos amores alucinados que se conjugam em nefandos conciliábulos de imprevisíveis resultados.

Por isso, o amor é fundamental na vida de todos.

E por ser o sexo a fonte poderosa que faculta a perpetuação da espécie, entre os homens, invariavelmente, vai confundido, nos delineamentos afetivos, como fator essencial para a comunhão, senão o único meio de exteriorização do amor.

Diariamente, milhões de criaturas mal-informadas ou desavisadas, fascinadas pelas ilusões do prazer, arrojam-se a despenhadeiros da loucura por frustrações e desassossegos sexuais. Sublime campo de experiências superiores, normalmente se converte em paul sombrio de miasmas asfixiantes e tóxicos nefastos.

Através dele, todavia, o Espírito que recomeça a caminhada na Terra encontra o regaço materno, as mãos vigorosas da paternidade, os braços fraternos transformados em asas de socorro, o ósculo da amizade pura e a certeza do reequilíbrio na oportunidade nova, como porta abençoada para a própria redenção.

Não o esqueças propositadamente nos cometimentos humanos em que te encontras. Não o espicaces levianamente, buscando as expressões da sua violência. Sublima-o pela continência, mediante a correção do comportamento, através da disciplina mental.

Não esperes a senectude para que te apresentes sereno.

Muitas pessoas idosas expressam amarguras que decorrem das frustrações coercitivas a que se viram impelidas; outras se caracterizam conduzindo excessivas doses de pudor, após a travessia lamentável pelos perigosos rios do uso desequilibrado, de que se arrependem dolorosamente, descambando para a aversão sistemática; diversas fingem ignorá-lo, após perderem as exigências naturais pelo cansaço e disfunção que a velhice impõe...

Muitos males, que não podem ser catalogados facilmente, decorrem de íntimas inquietações nos departamentos do sexo atribulado, desde os dias da juventude...

Em razão disso, ama, quanto te permitam as forças.

Não esperes, porém, que o ser amado seja compelido a responder-te às aspirações. Provavelmente esse Espírito está vinculado a outro Espírito e chegaste tarde, não te sendo facultado desatrelá-lo das ligações a que se permitiu prender espontaneamente.

Se chegas antes, não o atormentes com exigências, porque é possível que o compromisso dele esteja à frente. Se te aproximas tardiamente e desfazes os laços que já mantém, não fruirás a felicidade, e se impedes que marche na direção das tarefas para as quais reencarnou, sofrerás, mais tarde, o travo da desilusão, quando passe o infrene desejo imediato...

Entrega o teu amor à vida e envolve-o nas vibrações da ternura que felicita e dulcifica aquele que ama, quanto o que é amado.

Se, todavia, não possuíres forças para o cometimento, não te permitas a conjectura de sonhos escravocratas. Antes, ora e roga o socorro do Alto, para que os anjos guardiães vigilantes te distendam mãos compassivas e bálsamo tranquilizador.

O teu íntimo amor resplandecerá um dia, após a superação do tormento sexual, em paisagem de festa em que o teu Espírito cantará a música da liberdade e da paz.

Há mentes ociosas, na Erraticidade, atormentadas e sedentas, vitimadas por paixões que ainda não se aplacaram, que estão realizando incessante comércio obsessivo com os que se permitem, na Terra, as alucinações sexuais e os desavisos afetivos. Em conúbios terríveis atiram-se com virulência, explorando os centros genésicos dos encarnados e esfacelando neles a esperança e a alegria de viver.

Sutilmente instilam os pensamentos depressivos ou açulam falsas necessidades, absorvendo, por processos muito complexos, as expressões do prazer fugidiço e instalando as matrizes de desequilíbrios irreversíveis.

Vigia a mente e controla o sexo.

Quando pensamentos inusitados te sombrearem os painéis mentais com ideias infelizes; quando afetos dúlcidos se transformarem nos recessos do teu coração em fornalha de desejos; quando a ternura com que envolves os a quem estimas ou amas se te apresentar ardente ou angustiante; quando passares a sofrer dolorosas constrições na organização genésica, tem cuidado! Certamente estarás sendo obsidiado por outros Espíritos encarnados de mente vigorosa, ou desencarnados infelizes, em trama contínua para te arrojarem nos despenhadeiros da alucinação. Levanta o pensamento a Jesus e a Ele te entrega em regime de total doação, certo de que o Vencedor de todos os embates te ajudará a sair da constrição cruel, encaminhando-te na direção da harmonia. Para tanto, ora e trabalha pelo bem comum, e o bem de todos te oferecerá o lenitivo e a força para a libertação a que aspiras.

Pois do coração procedem os maus pensamentos, homicídios, adultérios, prostituição, furtos, falsos testemunhos e blasfêmias.
(Mateus, 15: 19.)

Ide, portanto, meus filhos bem-amados, caminhai sem tergiversações, sem pensamentos ocultos, na rota bendita que tomastes. Ide, ide sempre, sem temor; afastai cuidadosamente tudo o que vos possa entravar a marcha para o objetivo eterno.

(*O Evangelho segundo o Espiritismo*, de Allan Kardec – Cap. XXI, item 8, 5º parágrafo.)

13

VICIAÇÕES MENTAIS[14]

O hábito doentio de elaborar pensamentos perniciosos gera construções profundamente perturbadoras, que se transformam em tormentos incessantes na casa mental, agredindo as tecelagens delicadas do aparelho cerebral.

Anseios que não são concretizados na esfera física, não poucas vezes, constituem apelos do pensamento que exorbita nas suas necessidades, produzindo construções infelizes, das quais ressumam com frequência as emanações morbíficas.

Instalado o vício mental, o paciente transfere-se para o mundo interior, vivenciando experiências que não se consumam na esfera orgânica, mas que agradam psiquicamente em processo degenerativo que se agrava.

Nesse campo, têm primazia os descontroles sexuais que passam a constituir dramas perigosos, arruinando os sentimentos de nobreza e dignidade, por se permitirem ceder espaço a situações vulgares e promíscuas em contínuos estágios de desbordamento.

Arquivados nas telas da memória, são ativados com facilidade sempre que algo por semelhança produz a liberação das lembranças.

---

14. FRANCO, Divaldo; ÂNGELIS, Joanna de [Espírito]. *Nascente de bênçãos*. 2ª ed. Salvador: LEAL, 2001, cap. 31.

Em muitas ocasiões, o paciente instala-se, emocionalmente, nos vícios mentais, deixando-se consumir pelas extravagâncias mais grosseiras, nas quais se exaure, perdendo o controle sobre eles e desviando-se da realidade.

Liberam-se durante as horas do repouso pelo sono, constituindo-se sonhos de inquietante consumpção.

Tão graves se fazem esses aspectos mórbidos do pensamento, que as suas vítimas somente conseguem harmonizar-se para o refazimento orgânico após vivenciarem as cenas que lhes agradam e que fazem parte da sua agenda interna de prazeres.

Imensa área das emoções fica sitiada pelas viciações mentais, evitando que o indivíduo se realize na convivência sadia das demais pessoas ou aspire a relacionamentos compensadores através da amizade e do amor, vencendo os hábitos que se enraizaram no inconsciente profundo.

Muitos desses componentes perversos originaram-se na timidez ou no descalabro dos desejos ruinosos, quando foram transferidos para a esfera mental onde outrem não teria acesso, apresentando reproche ou analisando a qualidade moral do viciado.

Ignorados exteriormente, eles significam muito para quem se nutre na sua preservação, revivendo-os com a frequência que se torna mais pertinaz, até chegar, não raro, a estados de alucinações, nos quais a realidade perde totalmente o sentido para ceder-lhes lugar.

Os vícios mentais são verdadeiros algozes da alma humana, que devem ser combatidos com veemência, recriando-se outras ideias de natureza harmônica e saudável.

No mundo mental, proliferam os sentimentos e anseios de cada criatura. Conforme o estágio no qual se encontra, elabora pensamentos compatíveis com o que considera suas necessidades mais imediatas, derrapando, quando são formados de vulgaridade e sensualismo, erotismo e crime, para auto-obsessões de consequências imprevisíveis.

Concomitantemente, em razão da qualidade de onda em que se espraiam esses pensamentos, atraem Espíritos infelizes do mesmo teor, que passam a conviver psiquicamente com os seus responsáveis em processos ainda mais severos de obsessões degenerativas, que culminam em subjugações perversas.

Os desencarnados, que passam a alimentar-se das formas-pensamento, instalam-se nas matrizes mentais e lentamente passam a comandar o fluxo das ideias que o enfermo se vê obrigado a atender.

O pensamento é fonte de vida e responde conforme a vibração mental que lhe é dirigida.

Indispensável pensar corretamente, a fim de construir situações agradáveis e compensadoras, que se transformam em campos de alegria de viver.

Desse modo, necessitas de corrigir os hábitos mentais, substituindo com segurança aqueles que são perversos, doentios e sensuais por outros de natureza edificante, que te possam enriquecer de bem-estar e saúde, fortalecendo-te o ânimo para a luta e as resistências morais para a vivência saudável.

Sempre que te ocorram pensamentos destrutivos, chocantes e aberrantes transfere-te de imediato para outros que lhes sejam opostos, aclimatando-te a outras áreas de vibrações interiores.

Desde que não podes viver sem pensar, cultiva ideias enobrecedoras e aproveita o mundo mental para construir o futuro, semeando esperança e paz interiormente, que se converterão em confiança na vida e tranquilidade na existência.

Cada qual é aquilo que pensa. De acordo com as formulações elaboradas e as ondas emitidas, o mundo cósmico responde com igualdade de solicitações.

Se aspiras a atingir o cume da montanha altaneira e o seu oxigênio puro, respirarás regiões psíquicas possuidoras de elevadas cargas de saúde; se anelas pelo pântano pútrido, habitarás regiões pestilentas nas tuas paisagens interiores.

A tua existência se transformará naquilo que elaborares mentalmente.

Os vícios mentais, portanto, são ponte para a aberração e a loucura, que deves interromper, gerando hábitos edificantes, que te compensem as atividades em andamento.

Ninguém poderá realizar esse mister por ti, em face da interioridade de que se reveste. Somente a tua decisão e ação conseguirão pôr um ponto final nesse infeliz processo de gozo doentio e destruidor.

Inicia o costume de pensar no bem e no amor, sem as formulações apoiadas nos instintos primevos que ainda não foram superados.

Dá começo à fixação de vidas ricas de bondade e de situações onde floresçam a felicidade, e verás que lentamente ressumarão do teu inconsciente as novas fixações que passarão a fazer parte da tua agenda emocional.

Não dês tréguas aos pensamentos viciosos a que te aferras, gerando novas fontes de bem-estar e confiança para alcançar a felicidade que te está destinada.

O ensinamento do Mestre exarado no texto *"busca primeiro o Reino de Deus e Sua Justiça e tudo mais te será acrescentado"*, deve fazer parte das tuas reflexões mentais, facultando-te o exercício dos pensamentos edificantes e portadores de alta carga de alegria e de fraternidade. Mediante esse cultivo de deveres que se insculpem na proposta da busca do reino de Deus e de Sua Justiça, encontrarás as forças para alcançar tudo o mais de que necessitas na vilegiatura terrestre, transitória e indispensável.

Habitua-te, portanto, a pensar bem, a fim de que o bem se te instale na mente e se derrame pelo coração através dos teus lábios, que ensinem e orientem, e das tuas mãos, que socorram e dignifiquem.

Londres, Inglaterra, 11 de junho de 2001.

14

Desejo, gozo e bem-aventurança[15]

O homem tem necessidades reais e imaginárias.

As primeiras são pertinentes ao processo da sua evolução.

As outras são criadas pela sua mente, em artifícios para o gozo, o prazer.

Não sabendo distingui-las ou não querendo compreendê-las, dá preferência, não raro, às secundárias, deixando de lado as essenciais.

Concede caráter de primazia àquelas que dizem respeito aos sentidos imediatos, em detrimento daqueloutras que proporcionam as emoções duradouras.

Os sentidos, quando satisfeitos, passam a anelar por novos prazeres, engendrando mecanismos para alcançar os gozos nos quais sedia os seus objetivos.

Em consequência, o sofrimento resulta das satisfações não fruídas, bem como da necessidade de reviver aquelas que já foram experimentadas e ora jazem no solo da saudade.

O desejo do prazer é responsável pelas mais diversas aflições humanas.

Mesmo quando a dor decorre de enfermidades físicas ou mentais, a sua causa está no desejo da saúde, fenômeno compreensível, mas nem sempre justificável.

---

15. FRANCO, Divaldo; ÂNGELIS, Joanna de [Espírito]. *Momentos de alegria*. 4ª ed. Salvador: LEAL, 2014, cap. 13.

Há uma tendência natural para o bem-estar, a satisfação dos desejos. No entanto, a existência física não pode ser reduzida à conquista de objetivos tão limitados e de tão efêmera duração.

Para satisfazer os desejos, não cries necessidades falsas, que mais complicam o quadro das tuas aspirações.

Intenta eliminá-las na sua origem, libertando-te da sua constrição.

Cada paixão removida será uma menor carga a conduzir.

O que desfrutes agora retornará com maior exigência, amargurando-te, se não for conseguido e deixando-te mais insatisfeito, se logrado, porque desejarás reter o tempo no prazer, e, como isso não é possível, transitarás sempre de um gozo no rumo de uma nova, atraente sensação.

O prazer é um artifício criado através da excitação da mente.

Quanto mais coloques esperanças na satisfação de um desejo, mais te sentirás espicaçado por ele, passando a sofrer, enquanto não o desfrutas, ou a arrepender-te depois, quando constates que, afinal, não valeu o grande investimento que lhe concedeste.

Se almejas, em realidade, a paz – pleno gozo da realização pessoal –, libera a mente do desejo e a consciência da excitação que diz respeito à necessidade falsa que foi criada.

Não raro o desejo, ao invés de reduzir as necessidades imaginárias, mais as estimula, buscando artifícios e justificações.

Desse modo, estarás sujeito a maior soma de sofrimento em razão de não poderes ficar adstrito a ele, já que, inevitavelmente, despertarás para a realidade e para aquelas que são fundamentais.

Faze uma avaliação daquilo a que aspiras e, ante o sofrimento que o desejo proporciona, renuncia, mesmo que o experimentes agora às necessidades de importância secundária, fixando-te no atendimento àquelas que dizem respeito à tua imortalidade e serão eternas como bem-aventuranças na tua vida.

15

ULCERAÇÕES MORAIS[16]

A cultura hodierna, profundamente hedonista, exalta o prazer como sendo a finalidade exclusiva da vilegiatura carnal. Para consegui-lo de qualquer forma, atiram-se as multidões desvairadas atropelando-se reciprocamente e utilizando-se de expedientes vis, graças aos quais se comprometem gravemente.

As conquistas na área do conhecimento científico e tecnológico, salvadas nobres exceções, têm sido aplicadas para o deleite do corpo e das sensações, para a comodidade e o devaneio...

É certo que algumas têm diminuído as dores físicas, diluído aflições morais, prolongado a existência orgânica... Todavia, o capitalismo desenfreado e desumano de hoje, qual o comunismo desnaturado de ontem, privilegia apenas os poderosos em detrimento dos fracos, exaltando a força econômica, que elege a política arbitrária responsável pela miséria de bilhões de outros seres, seus irmãos, em desvalimento.

...E a onda do prazer ensandece os indivíduos, qual labareda voraz que consome tudo que lhe ameace obstaculizar o avanço, a fim de alcançar a meta mesmo que os leve ao estado de extenuamento.

---

16. FRANCO, Divaldo; ÂNGELIS, Joanna de [Espírito]. *No rumo da felicidade.* 4ª ed. Salvador: LEAL, 2002, cap. 32.

O ser humano ainda não despertou realmente para o significado existencial, para o sentido da vida e, por isso, sofre na miséria quanto na fortuna, no poder tanto como na submissão...

Há carência de amor no coração e abundância de indiferença a respeito do seu próximo.

Dilaceram-se alheios sentimentos com a leviandade típica de quem é constituído pela ausência de maturidade espiritual e moral.

Surgem então ulcerações morais em quase todos.

Matrimônios que foram construídos com o cimento do amor, repentinamente, em face dos camartelos do momento febril dos desejos infrenes, ruem.

— O *amor terminou* – afirmam os desassisados, e afastam-se do parceiro tomado de estupefação, que fica transtornado, e logo se atiram na volúpia de outras breves paixões.

Famílias estruturadas no respeito ao dever são infestadas pela alucinação das drogas que esfacelam os seus jovens membros, arrebanhando-os para o crime e para a loucura...

Servidores fiéis e devotados às empresas e aos seus patrões são demitidos sem compaixão, porque o momento econômico é grave e os volumosos lucros diminuem assustando-os, assim empurrando essas vítimas indefesas aos sórdidos calabouços da depressão ou às labaredas da violência urbana, tornando-os delinquentes, eles que antes eram trabalhadores honestos...

O brilho mentiroso do êxito cultivado pela mídia – *os quinze minutos de glória*, como ironicamente se divulga – perturba as mentes juvenis que disputam as suas lâmpadas e a escada do triunfo, tripudiando sobre a honra e os objetivos superiores, vivendo em promiscuidade com mercadores do sexo vilipendiado, para fugirem depois, solitários e insatisfeitos, dos seus adoradores, quando atingem o apogeu, que somente raros alcançam...

Amigos que se amparavam mutuamente se separam por nonadas criadas pelo egoísmo e pelas ambições exacerbadas, deixando o outro na decepção e na necessidade...

Todos os instrumentos de degradação são utilizados para que o gozo os exaura e os devore.

Mesmo no prazer que buscam estão doentes, porque corroídos pelos remorsos tardios, transitando em solidão, e quando as enfermidades e a velhice que temem os vencem, deblateram e se angustiam, tombando em deploráveis estados íntimos.

Além das próprias chagas, fazem-se responsáveis por aquelas que deixaram pelo caminho em doentes morais, dilacerados nos sentimentos, magoados e sem rumo, pela irresponsabilidade com que foram abandonados.

Multiplicam-se os mutilados espirituais destes dias de glória e de volúpia, que renteiam com a dor sem consolo e rasteiam sem amparo nem afeição.

A decadência atual da ética responde pela degradação da sociedade, prenunciando o fim de um ciclo de evolução, que cede lugar a uma nova consciência de amor e de dever para a construção da paz e da felicidade.

Mais do que nunca estes são dias vigorosos que estão a exigir reflexão de todas as criaturas, a fim de que se preservem do contágio do bafio pestífero do prazer epidêmico e letal.

Jesus é o Guia de segurança para este momento, e a Sua doutrina, restaurada pelo Espiritismo, é o roteiro único para facultar o enfrentamento saudável e decisivo com o hedonismo perverso e devorador que toma conta das mentes e dos corações.

Autopenetrar-se e conquistar o país de si mesmo para administrar com sabedoria os tesouros nele existentes é a tarefa que urge e não deve ser postergada por ninguém, traçando novas rotas para a sociedade do feliz futuro.

16

CONFLITOS SEXUAIS[17]

O ser humano é constituído por equipamentos mui delicados, em uma engrenagem complexa que deslumbra as mentes mais aguçadas que se debruçam sobre a sua organização, sem entender as miríades de implementos que se apoiam uns nos outros, a fim de que funcionem corretamente em perfeita harmonia.

Autossuficientes e ao mesmo tempo interdependentes, os órgãos apresentam incomparável ajustamento de peças que trabalham isolam e conjuntamente, de modo que o corpo todo se apresente em condições de exercer as funções para as quais foi concebido e realizado.

Exercendo com excelente precisão as suas finalidades, as glândulas de secreção endócrina são responsáveis, em grande parte, pela harmonia do conjunto, em razão dos hormônios que secretam, ora estimulando as células, em momentos outros bloqueando excessos e encarregando-se de manter todas as partes da máquina em harmônica coordenação, graças, também, aos neurônios cerebrais e às enzimas, às cerebrinas e outras substâncias.

Comandando toda essa extraordinária maquinaria, o Espírito é o agente responsável pelas ocorrências em todos os seus departamentos, irradiando-se pelas moléculas que lhe constituem as células.

---

17. FRANCO, Divaldo; ÂNGELIS, Joanna de [Espírito]. *Sendas luminosas*. 1ª ed. Salvador: DIDIER, 1998, cap. 6.

Herdeiro das experiências de multifárias reencarnações, imprime, no instrumento orgânico de que necessita para evoluir, as necessidades em forma de limitação ou capacidade, de tormento ou paz, de acordo com as conquistas anteriormente realizadas.

Vinculado ao atavismo sexual responsável pela reprodução, que o acompanha desde priscas eras no processo do desenvolvimento e *perpetuação* da forma, conduz as funções genésicas que lhe são essenciais, com os gravames ou a elevação que tenha praticado nas vivências passadas.

Dessa forma, o sexo encontra-se instalado no corpo como aparelho de reprodução, tendo, porém, as suas matrizes nos refolhos da alma, de onde procedem os desejos e inspiração para o comportamento.

Pela alta magnitude de que se reveste a sua função, todo abuso e uso inadequado produzem desequilíbrios que exigem imediata reparação, já que ele responde poderosamente pelo equilíbrio do conjunto.

Vinculado diretamente às fontes do pensamento, reage conforme as cargas mentais que lhe são dirigidas, comportando-se de acordo com as aspirações e anelos cultivados.

Primordialmente tem como finalidade a reprodução do corpo, cuja organização é modelada pelo perispírito sob o comando do Espírito.

Secundariamente responde pelas contribuições de hormônios que produzem sensações e emoções de que necessita a criatura.

Cuidar da sua função e finalidade, do seu comportamento e direção é a tarefa que se deve impor todo aquele que aspira aos ideais de enobrecimento e que trabalha pela autoiluminação.

O sexo, em si mesmo, é neutro. A direção que lhe é oferecida encarrega-se de produzir as ocorrências de que se faz intermediário.

Automaticamente, graças ao instinto, manifesta-se sem o impositivo da mente. No entanto, é sempre acionado quando o pensamento o desperta para as funções a que vai convocado.

Colocado na sua verdadeira atividade, e sob controle do pensamento educado, torna-se poderoso instrumento de elevação e desenvolvimento do ser humano, que nele encontra apoio e força para a concretização dos projetos superiores que traz do Mundo espiritual.

Vilipendiado pelo abuso, vulgarizado pela insensatez, transforma-se em algoz atormentador, que desequilibra aquele que o trata sem consideração nem respeito.

Mantido em segurança, mediante a vigília moral, torna-se fonte geradora de energias que capacitam os lutadores para a desincumbência dos misteres a que se afeiçoa.

Corrompido pela mente viciada e açodado pelos desejos impudicos, enfraquece-se e desconserta os sutis *bites* eletrônicos que conduzem as valiosas *informações* pelo sistema genésico, dando surgimento a dilacerações especiais, que comprometem o ser, empurrando-o para futuras reencarnações de provas ásperas ou expiações mortificadoras, através das quais são reparados os delitos perpetrados.

De qualquer limite, dificuldade ou problema na área sexual, as raízes se encontram na conduta do ser em anteriores existências, exigindo reparação e controle.

Novos deslizes no comportamento atual significam danos mais graves a serem recuperados, com dificuldades mais extenuantes.

O sexo não é a vida em si mesma, por isso a vida vale mais do que as sensações do imediatismo sexual.

Aparelho valioso, como tantos outros do conjunto físico, deve ser atendido com critério e oportunidade, evitando-se exaustão ou abandono, paixão ou desinteresse, aprisionamento ou castigo injustificáveis.

Criado por Deus para servir de instrumento à vida terrestre, não a pode submeter aos seus desmandos, sob os estímulos da alucinação que varre o planeta nos dias hodiernos.

Através dos séculos, tem sido responsável por momentos grandiosos da Humanidade, como também por hecatombes colossais.

Controlado, é como uma represa que fornece energia para manter muitas vidas; desatrelado, é como tempestade devastadora que passa deixando desolação e morte...

Se renasceste com dificuldades ou desafios na área sexual, recorre à oração e ao equilíbrio, evitando justificativas que te facultem os abismos de novos comprometimentos.

Aprende a reeducar-te, encontrando diferentes formas de felicidade e prazer, sem ultrajar a tua organização genésica, nem submeter-te ao desconforto da anestesia da consciência ou da conduta cínica desafiadora, como forma extravagante de enfrentar o grupo social no qual te encontras.

Nunca te esqueças de agir com pudor e respeito por ti mesmo.

Equilibra as tuas aspirações e mantém-te na linha da paciência em relação ao problema que te visita, evitando que se transforme em tormento.

Não creias que liberando as cargas do desejo insano e infrene te reconfortarás, reequilibrando-te.

Prazer fruído, necessidade de prazer novo.

Sensação esfogueante e apaixonada, desejo que retorna, logo se renovem as forças.

Somente a conduta de paz e de amor para contigo mesmo e para com o sexo poderá facultar-te harmonia, que pode demorar um pouco, mas que, chegando, jamais te abandonará.

(06.06.97 – Campinas – SP.)

17

A BUSCA DO PRAZER[18]

Oconceito de prazer encontra-se restringido ao campo das sensações, divertimentos, o que o torna voraz e destituído de significado.

Considerado como efeito dos interesses de predominância egoísta, não preenche os espaços da emoção superior, ante a transitoriedade em que se expressa.

Aguarda-se com larga expectativa e ansiedade a concretização de um sonho, de um desejo, mas que, ao realizar-se, perde a significação, por passar rápido demais. A felicidade estampa-se, então, triunfante, naquele que a ambiciona enquanto dura, para que, logo mais, converta-se em lembrança, bem como novo anelo pela sua repetição.

Havendo a ocorrência em sucessivos momentos, a saturação toma lugar do deleite impondo diferente anseio, apresentando diversa necessidade estética.

A alegria de um momento sempre vai substituída por preocupações noutros instantes; a saúde férrea passa e abre brechas à instalação das enfermidades; o afeto imorredouro sucumbe a novas experiências aflitivas; a segurança econômica ou doméstica cede lugar a incertezas e

---

18. FRANCO, Divaldo; ÂNGELIS, Joanna de [Espírito]. *Fonte de luz*. 1ª edição premium. Araguari: Minas Editora, 2016, cap. 25.

instabilidades, conduzindo o ser a contínuas alterações de humor, a transtornos emocionais frequentes, a sombras que toldam o seu sol interior...

Essas ocorrências dão-se na Terra, porque o Espírito reencarnado nela se encontra em pleno laboratório de manipulação de valores que estão em constantes mudanças para melhor.

Por mais se busque o prazer nas expressões físicas e criativas da imaginação, mais ele escapa, em razão da sua constituição psicológica.

O verdadeiro prazer é aquele que permanece inalterável, embora se modifiquem as circunstâncias externas, e passem os momentos de gáudio.

Ele instala-se, quando vige a consciência de paz como resultado do labor executado, dos ideais vividos, das experiências éticas levadas a bom termo.

Alonga-se através do prosseguimento dos compromissos abraçados e não se exaure, deixando a sensação de vazio ou de desagrado.

O indivíduo hedonista, que somente crê nas manifestações dos sentidos físicos, mais se atormenta quanto mais o busca, em razão da sede insaciável por fruí-lo enquanto ele se dilui e passa...

Confundido com a felicidade, o prazer é razão de loucuras que se derivam da insensatez, gerando distúrbios íntimos e danos a outras pessoas e aos grupos sociais.

A agradável emoção de bem-estar, no entanto, que vitaliza e entusiasma, é a mais bela expressão do prazer real que deve ser buscado, porque tem a dimensão da legítima felicidade.

Não se extingue quando ocorre a morte do corpo, porque ínsito no Espírito, nas suas fibras mais íntimas, constitui-lhe recursos de resistência para os valores morais.

Quando o dever se enriquece com a alegria do próprio serviço, o prazer instala-se e a felicidade anuncia-se.

Independe daquilo que se tem, das conquistas externas, da projeção egoica...

Harmonia entre o desejar, fazer e conseguir interiormente produz equilíbrio entre o pensamento e o sentimento.

Amor e sexualidade: a conquista da alma

Busca o teu prazer na conscientização da tua fragilidade, robustecendo-te na luta e desincumbindo-te das tarefas que te dizem respeito, certo de que na Terra ele é fugidio e raro, podendo todavia iniciar-se mediante a superação dos mitos, das ilusões e através da fixação da imortalidade, na qual te encontras submergido.

Cultiva, desse modo, o prazer de amar, de servir, e de confiar em Deus, sem fugas psicológicas para a fantasia e o erro que te deixarão de alma vazia e amargurada.

Por isso, Jesus informou que o Seu reino não é deste mundo, configurando que, em consequência, a felicidade também não, embora aqui se iniciando pelo bem que se viva e se faça.

18

EROTISMO[19]

Numa cultura dedicada quase que exclusivamente ao erotismo, é natural que o hedonismo predomine nas mentes e nos corações. Como decorrência das calamidades produzidas pelas guerras contínuas de devastação com as suas *armas inteligentes* e de destruição em massa, o desespero substituiu a confiança que havia entre as criaturas, dando lugar ao desvario de todo porte que ora toma conta da sociedade.

Sem dúvida, tem havido um grande desenvolvimento científico e tecnológico, dantes jamais sonhado, no entanto, não acompanhado pelos valores ético-morais, cada dia mais negligenciados e desrespeitados pelos indivíduos, assim como pelas nações.

A globalização, que se anunciava em trombetas como solução para os magnos problemas socioeconômicos do mundo, experimenta a grande crise, filha espúria da falência moral de muitos homens e mulheres situados na condição de executivos supremos, que regiam as finanças e os recursos de todos, naufragados por falta de dignidade, ora expungindo em cárceres os seus desmandos, deixando, porém, centenas de instituições de variado porte na falência irrecuperável...

---

19. FRANCO, Divaldo; ÂNGELIS, Joanna de [Espírito]. *Vitória sobre a depressão*. 2ª ed. Salvador: LEAL, 2016, cap. 3.

Como efeito, o sexo tornou-se o novo deus da cultura moderna, exaltado em toda parte e elemento de destaque em todas as situações.

Enquanto enxameiam as tragédias, os crimes seriais com o suicídio imediato dos seus autores, os *multiplicadores de opinião* utilizam-se da mídia alucinada para a saturação das mentes com as notícias perversas que estimulam psicopatas à prática de hediondez que não lhes havia alcançado a mente.

Pessoas, ditas famosas, na arte, no cinema, na televisão exibem, sem pudor, as suas chagas morais, narrando os abortos que praticaram, a autorização para a eutanásia em seres queridos que lhes obstaculizavam o gozo juvenil, a multiplicação de parceiros sexuais, os adultérios por vingança ou simplesmente por vulgaridade, os preços a que se entregam, as perversões que os caracterizam, vilipendiando os sentimentos daqueles que os veem ou leem, estarrecidos uns, com inveja outros, em lamentável comércio de degradação.

Jovens, masculinos e femininos, exibem-se no circo dos prazeres, na condição de escravos burlescos em revistas de sexo explícito ou em filmes de baixa qualidade, tornando-se ídolos da pornografia e da sensualidade doentia.

A pedofilia alcança patamares dantes nunca imaginados, graças à internet que lhe abre portas ao infinito, quando pais insensatos vendem os filhinhos para o vil comércio do sexo infantojuvenil, despedaçando-lhes a meninice que vai cruelmente assassinada.

Por outro lado, a prostituição de menores é cada vez maior, porque o cansaço dos viciados exige carnes novas para os apetites selvagens que os consomem.

(...) E, porque vivem sempre entediados e sem estímulos novos, o alcoolismo, o tabagismo, a drogadição constituem o novo passo no rumo da violência, da depressão, do autocídio.

As estatísticas da loucura que toma conta do planeta, neste momento, são alarmantes.

Vive-se, nestes tormentosos dias, a tirania do sexo em exaltação.

Amor e sexualidade: a conquista da alma

As dolorosas lições do passado, de religiosos que não se souberam comportar, desrespeitando os votos formulados, que desmoralizaram as propostas doutrinárias das crenças que abraçavam, o disfarce, a hipocrisia, ocultando as condutas reprocháveis, geraram tal animosidade às formulações espiritualistas, com as exceções compreensíveis, que os jovens não suportam, sequer, referências aos valores do Espírito imortal.

Somente há interesse pelos esportes, particularmente por aqueles de natureza física, no culto apaixonado pela beleza e pela estética de que se tornam escravos por livre opção.

Num período, porém, em que uma boneca serve de modelo, em vez de haver copiado um ser humano, exigindo que cirurgias corretoras modifiquem a aparência de algumas mulheres, a fim de ficarem com as medidas do brinquedo erótico, é quase normal que haja um verdadeiro ultraje no que diz respeito aos valores reais da vida.

A desconsideração de muitos governantes, em relação ao povo que estorcega na miséria, faz que as favelas e os morros vomitem os seus revoltados habitantes para as periódicas ondas de *arrastão* que estarrecem.

Sucede que o bem, não indo ao seu encontro, tem que enfrentar o mal que prolifera e que desce do lugar em que se homizia, buscando solução, mantendo comportamentos selvagens.

As cidades, grandes e pequenas, tornam-se praças de guerras não declaradas, porque as necessidades dos sofredores não são atendidas e alguns poderosos que governam locupletam-se com os valores que deveriam ser destinados à educação, à saúde, ao trabalho, ao recreio dos cidadãos...

É compreensível que aumentem as estatísticas das enfermidades dilaceradoras como o câncer, a tuberculose, as cardiovasculares, a AIDS, outras sexualmente transmissíveis, as infecções hospitalares, dentre diversas, acompanhadas pelos transtornos psicológicos e psiquiátricos que demonstram o atraso em que ainda permanecem as conquistas na área da saúde, embora as suas indescritíveis realizações...

O ser humano estertora...

Em razão da falta de orientação sexual, nestes dias de disparates, a gravidez entre meninas desprevenidas aumenta de forma chocante, como fruto de experiências estimuladas pela vulgaridade, sem qualquer preparo para a maternidade, jogando nas ruas diariamente crescente número de abandonados...

Faltam programas de orientação moral, porque o momento é de prazer e de gozo, condenando a maioria dos incautos ao desespero e à ilusão.

Ainda se prolongará o reinado erótico por algum tempo, até o momento quando as Divinas Leis convidem os responsáveis pelo abuso ao comedimento, à reparação, encaminhando-os para mundos inferiores, onde se encontrarão sob a injunção de acerbas aflições, recordando o *paraíso* que perderam, mas que o podem alcançar novamente após as lutas redentoras.

Especialmente nesta hora chegou à Terra o Espiritismo, a fim de convidar as criaturas desnorteadas a encontrar o rumo nos deveres éticos, restaurando a paz e a alegria real nos corações, sem a música mentirosa das sereias mitológicas...

Restaurando a palavra de Jesus, propõe uma revisão ética dos postulados do Cristianismo também ultrajado, a fim de que se revivam os comportamentos de Jesus e dos Seus primeiros discípulos, dando lugar à lídima fraternidade, à iluminação de consciências, ao serviço da caridade.

Mantém-te vigilante, a fim de que não te iludas nem enganes a ninguém, contribuindo com a tua parte, por mais modesta que seja, de modo a fazeres instalar-se a era do amor pela qual todos anelam.

19

CONVITE À CONTINÊNCIA[20]

"...A vossa santificação que vos abstenhais da prostituição."
(I Ts.: 4-3.)

Referimo-nos ao equilíbrio no uso das funções sexuais, em face dos modernos conceitos éticos, estribados nas mais vulgares expressões do sensualismo e da perversão.

Disciplina moral, como condição de paz fomentadora de ordem física e psíquica nos diversos departamentos celulares do corpo que te serve de veículo à evolução.

A mente atormentada por falsas necessidades responsabiliza-se por disfunções glandulares, que perturbam a boa marcha das organizações fisiológica e psicológica do homem.

Entre as necessidades sexuais normais, perfeitamente controláveis, e as ingentes exigências do condicionamento a que o indivíduo se permite por educação, por sociabilidade, por desvirtuamento, há a fuga espetacular para os prazeres da função descabida do aparelho genésico, de cujo abuso só mais tarde aparecem as consequências físicas, emocionais e psíquicas, em quadro de grave comprometimento moral.

Em todos os tempos, o desregramento sexual dos homens tem sido responsável por crises sérias no estatuto das nações. Guerras cruéis

---

20. FRANCO, Divaldo; ÂNGELIS, Joanna de [Espírito]. *Convites da vida*. 1ª ed. Salvador: LEAL, 1972, cap. 8.

que assolaram povos, arbitrariedades cometidas em larga escala, em toda parte, absurdos do poder exorbitante, perseguições inomináveis, contínuas, tragédias bem urdidas, crimes nefandos têm recebido os ingredientes básicos das distonias decorrentes do sexo em desalinho, eito de maldições e peste de suplícios intérminos para quantos se lhe tornam áulicos subservientes.

Quedas espetaculares na rampa da alucinação, homicídios culposos, latrocínios infelizes e perversões sem conto fazem a estatística dos disparates nefandos do sexo em descontrole, perfeitamente adotado pela falsa cultura hodierna.

Continência, portanto, enquanto as forças do equilíbrio íntimo se fazem condutoras da marcha orgânica.

Dieta salutar, enquanto o matrimônio não se encarrega de propiciar a harmonia indispensável para a jornada afetiva.

Mesmo na vida conjugal, se desejas estabelecer normas para a felicidade, cuida-te da licenciosidade perniciosa, do abuso perturbador, da imaginação em desvario...

Se te parecerem difíceis os exercícios de continência, recorda-te da oração e mergulha a mente nos rios da prece, onde haurirás resistência contra o mal e inspiração para o bem.

Quando, porém, te sentires mais açulado e inquieto, a ponto de cair, refaze-te através do passe restaurador de forças e da água fluidificada, capazes de ajudar-te na empresa mantenedora da harmonia necessária ao progresso do teu Espírito, na atual conjuntura carnal, evitando a prostituição dos costumes, sempre em voga, responsável por mil desditas desde há muito.

20

CORPO[21]

Por mais ásperas repontem as provações, no curso incessante das horas, durante a vida física, o corpo não pode ser sacrificado em holocausto à revolta, como solução dos problemas que a invigilância arquitetou e que se manifestaram com ímpios algozes.

Organizado pela excelsa mercê da Providência, para servir de santuário ao princípio espiritual em evolução, a tinge, na espécie humana, o clímax da sua destinação.

Para que nele o Espírito habite e através dele se manifeste, trilhões de vidas microscópicas se harmonizam em perfeito intercâmbio, gerando equilíbrio e atendendo a determinações da própria estruturação.

Resultado de experiências multimilionárias nos laboratórios da Natureza, é digno do mais alto respeito, a fim de ser preservado integralmente na contextura em que se apresenta.

Preparado desde o momento da concepção para atender às finalidades da evolução espiritual, é laboratório de contínuos ensaios, através dos quais milhões e bilhões de células, em circuitos especializados, oferecem valiosas contribuições para o êxito das atividades a que se destina.

---

21. FRANCO, Divaldo; ÂNGELIS, Joanna de [Espírito]. *Lampadário espírita*. 1ª edição. Rio de Janeiro: FEB, 1969, cap. 4.

Mantido por equipamento eletrônico que assegura a consolidação da forma, é suscetível de desarranjos, quando se desmantelam os comandos psíquicos a se expressarem no sistema nervoso, através dos aparelhos central, periférico e neurovegetativo. Originário esse sistema nervoso da placa neural, que é uma lâmina do ectoderma ou gástrula, após incontestáveis adaptações ao ambiente e atendendo às exigências funcionais, ditadas pelo Espírito reencarnante; alcança o seu maior grau de evolução, agindo através de respostas próprias aos estímulos que são enviados do exterior. Essa função, que é desempenhada pelos diversos órgãos receptores e efetores, tanto quanto pelos estímulos que dirige à medula espinhal e ao encéfalo, que associa as diversas e várias sensações que o córtex cerebral interpreta, constitui a faculdade intelectual, pela qual a razão se expressa.

Todos os choques violentos que a intemperança produz atingem-lhe os centros vitais e desequilibram-no. Sensível às mefíticas vibrações da cólera, do ódio, do ciúme e das paixões desordenadas, necessita do eficiente concurso do amor, das expressões da prece e da meditação para cumprir o sublime desiderato a que se destina.

Nele a vida responde aos desígnios da Misericórdia de Deus de maneira providencial e sábia.

Nenhum dissabor pode atingir a sua desorganização violenta sem que ocorram consequências imprevisíveis para o autocida.

Tudo nele expressa a sabedoria com que foi elaborado. Se um estilete pontiagudo o pica, centenas de preciosos capilares são destruídos; outros tantos, porém, se formam instantaneamente. Se uma lâmina o fere, imediatamente delicada ramificação de fibrina se estende sobre o corte e prende os glóbulos vermelhos, elaborando um "coágulo tampão", que impede a hemorragia, sem o que a morte poderia ser inevitável...

Os capilares, embora microscópicos, permitem na sua estrutura e porosidade que o oxigênio do sangue os atravesse numa direção, enquanto as escórias, tais como gás carbônico, água e os detritos resultantes do metabolismo proteínico passam noutro sentido!

O coração, essa incomparável bomba eletromuscular, que mantém o sangue em circulação através dos seus dois circuitos principais (coração–cérebro–coração e coração–pé–coração), funcionando ininterruptamente numa vida de 70 anos, pulsa cerca de dois bilhões e meio de vezes, sem cessar, sem pausa para reparo, excetuando-se o ligeiro descanso entre a diástole e a sístole!...

Qualquer interrupção do curso natural de sua finalidade ou qualquer ultraje à sua estrutura física ou fisiológica se transforma em flagício para quem a tanto se atreva.

Amá-lo, preservando-lhe as finalidades santificantes, é dever mínimo, por ser ele degrau de ascensão e felicidade.

É comparável à semente que, naturalmente despedaçada na terra, com espontaneidade generosa liberta a vida que encerra em embrião, ou à flor que, desabrochada, desencarcera o pólen da vida. Ele também, gasto nos nobres e elevados misteres para que foi edificado, descerra os painéis da imortalidade ao Espírito que retorna livre do presídio ao País da ventura donde saíra antes para a conquista da felicidade real. [22]

---

22. Tema para estudo: *O Livro dos Espíritos* – Parte 1ª, cap. III – *Formação dos seres vivos.*
Leitura complementar: *O Evangelho segundo o Espiritismo* – Capítulo XVII – *Cuidar do corpo e do espírito, item 11.*

21

MUDANÇA DE SEXO[23]

A constituição do ser orgânico é decorrência das suas necessidades evolutivas, que são trabalhadas pelo perispírito na condição de modelo organizador biológico.

Trazendo impressos os mecanismos da evolução nos tecidos sutis da sua estrutura íntima, plasma, a partir do momento da concepção, o corpo no qual o Espírito se movimentará durante a vilegiatura humana, a fim de aprimorar o caráter e resgatar os compromissos negativos que ficaram na retaguarda.

Trabalhando nos códigos genéticos do DNA, aciona as moléculas fornecedoras das células que programarão a forma, enquanto o Espírito se encarrega de produzir os fenômenos emocionais e as faculdades psíquicas.

Assim sendo, é herdeiro de si mesmo, promovendo os meios de crescer interiormente através das experiências que ocorram numa como noutra polaridade sexual.

Em se considerando as graves finalidades do aparelho genésico, na sua função reprodutora, ele é repositório de hormônios especiais, que trabalham conjuntamente com os outros das demais glândulas

---

23. FRANCO, Divaldo; ÂNGELIS, Joanna de [Espírito]. *Dias gloriosos*. 4ª ed. Salvador: LEAL, 2015, cap. 14.

de secreção endócrina, de forma que o equilíbrio físico, emocional e intelectual se expresse naturalmente, sem traumas ou disfunções que decorrem dos problemas que ficaram por solucionar.

A libido impulsiona o indivíduo para a realização criativa e produtiva, quando se expressa com moderação, sendo natural decorrência ancestral do instinto por cuja faixa o ser transitou durante largo período e cujas marcas permanecem dominadoras.

A qualquer distonia de sua parte, logo surgem distúrbios neuróticos e comportamentais que afetam perturbadoramente o processo reencarnatório, a ela fortemente vinculados.

Essa poderosa energia motora exige cuidadosa canalização, a fim de produzir fenômenos harmônicos, que estimulem à ordem, à realização dignificadora, porquanto, assim não sendo, a sua força irrompe como caudal desordenado que passa deixando escombros.

O uso adequado da função sexual – sintonia entre a psicologia e a fisiologia da polaridade – proporciona bem-estar e facilita o crescimento espiritual, sem gerar amarras com a retaguarda do instinto, assim como também com as *entidades* perversas e viciadas que a ela se vinculam.

A sua abstinência, quando a energia que exterioriza é trabalhada e transformada em força inspirativa e atuante pelos ideais de beleza, de cultura, de sacrifício pessoal, igualmente propicia equilíbrio e empatia, já que o importante é o direcionamento dos seus elementos psíquicos, que têm de ser movimentados incessantemente, porquanto para isso são produzidos.

Em decorrência, é de fundamental importância que o Espírito reencarnado se sinta perfeitamente identificado com a sua anatomia sexual, mantendo os estímulos psicológicos em consonância com ela.

Quando a ocorrência é diversa – função emocional diferente da forma física –, encontra-se em reajustamento, que deverá ser disciplinado, evitando a permissão do uso indevido, que proporciona agravantes mais severos para o futuro.

Eis por que é de vital importância o respeito que os pais devem manter em relação ao sexo dos seus filhos, evitando *interferir* psiquicamente no processo da sua formação, quando o zigoto começa a definir a futura forma consoante o mapa cármico do reencarnante.

É natural que se tenha opção por essa ou aquela expressão sexual para o ser amado; no entanto, não deve ser tão preponderante que, em se apresentando diferente do que se deseja, o amor sofra efeitos negativos. Outrossim, a invigilância que pode originar-se na genitora, optando e impondo o seu desejo sobre o ser em desenvolvimento, poderá contribuir para alterar a constituição molecular, atendendo-lhe psicocineticamente a aspiração. Não obstante, porque fora da programação evolutiva do Espírito, essa *mudança* pode trazer-lhe prejuízos emocionais e comportamentais.

A estrutura genética em elaboração do corpo é constituída por elementos poderosos, embora sutis, que atendem aos planos energéticos que agem sobre ela. Assim, a mente do reencarnante – conscientemente ou não –, como a dos seus genitores, interfere expressivamente na construção da sua anatomia, agindo diretamente nos genes e seus cromossomos, se a vontade atuante se fizer forte e constante. Essa ação psíquica pode alterar na estrutura do DNA os pares de purinas e pirimidinas, modificando as disposições estabelecidas e em formação. Tal ocorrência não é rara, antes é muito mais numerosa do que se tem detectado, particularmente nas vezes em que o Espírito imprime sinais que traz de existências transatas – suicídios, homicídios, acidentes – ou de condutas que se fixaram profundamente no cerne do ser, ressurgindo agora na forma nova.

Da mesma maneira, filhos com anatomia diferente da herança espiritual – em alguns casos como efeito da preferência dos seus pais, especialmente da mãe que a *trabalhou* psiquicamente, mantendo a aspiração exagerada do que cultivou durante a gestação – apresentam transtornos de expressão e comportamento que devem ser corrigidos na infância, a fim de se não tornarem afligentes no período da adolescência, quando da definição dos órgãos e caracteres sexuais secundários.

A orientação cuidadosa e enriquecida de amor reestrutura o binômio forma–emoção, facultando a existência saudável, sem angústias nem desassossegos.

De maneira mais grave poderá acontecer quando os estudiosos da Engenharia Genética, nos seus ensaios ambiciosos, pretendendo interferir nas vidas, reprogramarem, através dos códigos genéticos do DNA, os sexos já em vias de formação, para que se alterem, mudando a anatomia e a função.

Nesses casos, permanecendo a programação espiritual, que passaria a sofrer ingerência externa, surgirão indivíduos com complexos problemas de conduta nessa área, desde que fortemente necessitados da experiência na polaridade primitiva que foi modificada. Encontrando-se noutra, que lhe não responde aos anseios dos sentimentos nem às necessidades psíquicas, desarticulam-se interiormente.

Existem já incontáveis ocorrências dessa natureza, que terminam em fugas terríveis para as drogas que geram dependência, que desgastam e levam à consumpção, quando não se atiram aos suicídios desesperados para fugir do conflito que os aturde e dilacera, acreditando não ter solução nem razão para continuarem vivendo.

A questão sexual é muito delicada e profunda, estando a exigir estudos sérios, sem as soluções da vulgaridade, apressadas e levianas, que pretendem resolver as situações conflitivas mediante sugestões para comportamentos insensatos, que violentam as estruturas morais do próprio ser, que passa então a experimentar distonia psíquica íntima ou desprezo por si mesmo, embora mantendo aparência de triunfo que se encontra distante de o haver conseguido.

No momento da concepção, o perispírito é atraído por uma força incomparável às células que se vão formando, nelas imprimindo automaticamente, por força da *Lei de Causa e Efeito*, o que é necessário à sua evolução, incluindo, sem dúvida, o sexo e suas funções relevantes.

A ingerência externa, alterando-lhe a formação somente trará inconvenientes, prejuízos e distonias morais.

A Engenharia Genética, à medida que penetrar nas origens da vida física, poderá oferecer uma contribuição valiosíssima, desde que não se imponha a vacuidade de interferir nos quadros superiores da realização e construção do ser humano.

O corpo produz o corpo, que é herdeiro de muitos caracteres ancestrais da família, que sofre as ocorrências ambientais, mas só o

Espírito produz o caráter, as tendências, as qualidades morais, as realizações intelectuais, o destino.

Eis por que, na vã tentativa de mudar-se o sexo, na formação embrionária ou noutro período qualquer da existência física, desafia-se a Lei de Harmonia vigente na Criação, o que provocará distúrbios sem-nome na personalidade e na vida mental de quem lhe sofrer a ingerência.

Todo corpo merece respeito e cuidados, carinho e zelo contínuos, por ser a sede do Espírito, o santuário da vida em desenvolvimento. No entanto, na área sexual, tendo-se em vista a finalidade reprodutora, o intercâmbio de hormônios poderosos quão relevantes, o ser é convidado a maior vigilância e disciplina.

Educar o sexo mediante conveniente disciplina mental é o desafio para a felicidade, que todos enfrentam e devem vencer.

As amarras aos vícios sexuais vêm retendo milhões de homens e mulheres na retaguarda das paixões, reencarnando-se com difíceis e desafiadores problemas que aguardam dolorosas soluções. E porque se não querem sacrificar, a fim de equacioná-los, permanecem em situações penosas quanto aflitivas.

Todo abuso ao corpo e particularmente ao sexo, perpetrado conscientemente, gera dano equivalente, que permanecerá aguardando correspondente solução por aquele que se infligiu a desordem, passando a sofrê-la.

Diante, portanto, de qualquer dificuldade que se experimente, ou em face das decisões graves que aguardam atitude decisória, sempre se poderá perguntar ao Amor como resolvê-las, e esse Amor que se manifesta em toda parte, sem os condimentos das paixões perturbadoras, responderá com sabedoria meridiana que, atendida com cuidado, proporcionará equilíbrio e paz, impulsionando o Espírito pelo rumo bem orientado, pelo qual atingirá a meta para cujo fim se encontra reencarnado.

22

EDUCAÇÃO SEXUAL[24]

No atual contubérnio sociomoral que se vive na Terra, o sexo assume posição relevante, tornando-se de capital importância em todos os segmentos da comunidade, assumindo destaque perturbador.

Ultrapassado o período de castração cultural e da desconsideração ética, ele tomba no paul da vulgaridade, transformando-se em fator vital para a sobrevivência humana como modelo de felicidade ou de desgraça.

Sem qualquer dúvida, a função sexual é de alta significação, todavia não mais importante do que a cardíaca, a pulmonar ou outra qualquer...

Programado para a reprodução do ser e elaborado para facultar sensações e emoções, a libertinagem dos costumes tem-no guindado a uma posição que o perturba, quando não o transforma em cruz invisível a dilacerar os sentimentos ao tempo em que entorpece ou alucina a razão.

Estabelecido pela Divindade para objetivos superiores, o seu desregramento acarreta-lhe altas cargas de energias tóxicas que terminam por prejudicar-lhe a função, desajustar-lhe a instrumentalização.

---

24. FRANCO, Divaldo; ÂNGELIS, Joanna de [Espírito]. *Fonte de luz*. 1ª edição premium. Araguari: Minas Editora, 2016.

Transformado em exclusivo objeto de prazer, é vítima da mente em desalinho que o estimula e o perverte na incessante busca de satisfações novas, mesmo que aberrantes, que ultrajam o próprio ser, a partir de então sem qualquer respeito por si mesmo e menos pelos outros.

O sexo, moralmente, é neutro.

Aquele que o utiliza é responsável pela sua elevação ou vileza.

Excetuando-se as anomalias de que padece e exterioriza, decorrente de abusos transatos em outras existências, deve ser conduzido com beleza, dignificação e finalidade nobre que somente o amor sabe e pode direcionar.

Sexo e vida são termos que se completam na corporificação humana. Conforme seja vivenciado, assim será o curso da existência com paz ou conflito.

A mente exerce papel fundamental na conduta sexual.

Qualquer tentativa em favor da sua educação não pode prescindir de disciplina mental.

Mente vazia, tormento no departamento genésico.

Mente viciada, desequilíbrio na conduta sexual.

Somente quando o pensamento estiver enriquecido de responsabilidade a respeito da função do sexo, particularmente considerando a sua procedência divina, é que se conseguirá uma correta educação das suas funções.

A preocupação para orientar adolescentes em torno da sua iniciação e atividade sexual é muito oportuna. No entanto, isto não pode depender de aulas hebdomadárias, qual ocorre com as disciplinas do currículo escolar, ante os desafios da insensatez dos adultos de conduta reprochável, dos espetáculos deprimentes e vilipendiadores expostos pela mídia, dos despautérios domésticos e dos estímulos perturbadores das drogas e da pornografia generalizada...

Sem pruridos puritanistas, não se deve olvidar daqueles que se farão educadores do sexo, tendo-se em vista a óptica pela qual cada um deles considera a questão.

Atormentados alguns, sugerirão liberação total, opção definitiva, desde que isso lhes faça bem, enquanto outros recomendarão providências que evitem a concepção, quando deveriam trabalhar pela educação moral.

A proposta da educação em qualquer área é a de criar hábitos saudáveis, corretos, promotores da vida, e nunca de liberação, pura e simples, da função sexual, como se o ser fosse feito para ela e não o contrário.

O problema é um grave quão complexo desafio para a cultura e a ética hodiernas, aguardando estudos sérios e soluções bem elaboradas.

Por enquanto, pululam os campeões do cinismo que exibem, exploram e vendem sexo, influenciando, com as suas excentricidades, a mentalidade infantojuvenil sob a conivência dos pais e dos educadores, que os transformam em mitos e os consomem nos seus veículos de informação e divertimento...

A educação sexual tem origem no lar através da conduta dos pais e demais membros da família.

Prossegue na escola por intermédio dos mestres e educadores, cujo comportamento não os haja alienado, tornando-os exóticos e promíscuos, dessa forma gerando perturbação nos educandos.

Por fim, no grupo social que deverá corrigir os hábitos, mudar a linguagem e buscar metas menos permissivas.

O *Evangelho* de Jesus, na condição de compêndio educador, oferece programas de excelente qualidade para a educação sexual, convidando os adultos à reflexão em torno da própria imortalidade e dos compromissos em relação às gerações novas.

Cuidadosa análise das palavras e dos feitos de Jesus leva, inevitavelmente, a um comportamento saudável e, portanto, a uma educação sexual sem castração nem libertinagem, por ensinar que nunca se deverá fazer a outrem o que se não deseja que outrem lhe faça.

Diante, pois, do sexo, recorda das dilacerações da alma, que o seu mau uso produz em relação ao outro, o parceiro, ou que ele deixou nos teus sentimentos...

Ama, desse modo, e educa-te, a fim de que o sexo seja na tua vida motivo de estímulo e de crescimento, jamais de sofrimento e cárcere.

23

PÁGINA À MULHER ESPÍRITA[25]

No momento em que os valores humanos padecem injunções lamentáveis e os postulados éticos em que se devem estruturar os ideais de engrandecimento da criatura malogram no bá-ratro das paixões, o Evangelho, como ocorreu no passado, constitui a única bússola, a segura rota mediante a qual a hodierna civilização po-derá encontrar a solução para os múltiplos problemas e os graves com-promissos que pesam negativamente na economia da felicidade geral.

As religiões, na sua feição de instituições organizadas, disputan-do as primazias e mais preocupadas com a dominação e promoção transitórias do que com o "Reino de Deus", que é "tomado de assalto" e se estabelece nas paisagens ignotas da alma, fracassam, lamentavel-mente, no tentame de consolar e conduzir a Jesus.

Os seus triunfos aparentes se fixam no terreno falso dos des-taques mundanos, faltando-lhes as estruturas morais legítimas e os comportamentos espirituais relevantes com que seja possível pôr cobro à anarquia social e ao desequilíbrio moral que grassam voluptuosa-mente, tudo conduzindo de roldão... Isto porque os padrões em que ainda se firmam asfixiam o espírito do Cristo que deveria viger nas suas expressões e serviços.

---

25. FRANCO, Divaldo; ÂNGELIS, Joanna de [Espírito]. Página à mulher espírita. In: FRANCO, Divaldo; Diversos Espíritos. *Sementes de vida eterna*. 4ª ed. Salvador: LEAL, 1997, cap. 57.

Sem dúvida em todas elas, como em qualquer lugar, a presença do Amor e a manifestação da Divina Misericórdia constituem sinal de esperança. Sem embargo, a necessidade da vivência evangélica se impõe urgente, impostergável.

Em decorrência de tal malogro, aos cristãos novos, os adeptos da Revelação Espírita, está reservado significativo ministério, relevante apostolado: viver o Cristo e representá-lO em atos ao aturdido viandante destes dias.

Não assume esta uma tarefa de absurda possibilidade, exceto se o candidato se recusar integração com fidelidade real ao programa de recristianização da Terra.

Nesse sentido, à mulher espírita se reserva preponderante atividade, ou seja, a de transformar-se; médium da vida que é, mensageira da dignificação moral, da santificação da sexualidade, da redenção espiritual...

Arrostando diatribes e espezinhamentos chulos, deverá volver às bases nobres do amor com a consequente valorização da maternidade, reconstituindo a família e elevando os sentimentos.

Programada pelo Pai para o sagrado compromisso de cocriadora, a sua libertação, ao invés do nivelamento nos fossos das sórdidas paixões dissolventes, deve-se caracterizar pela própria grandeza, que a alça à condição de modelo e paradigma da Humanidade, que se inicia no lar, onde deve reinar, soberana e respeitada.

Organizada essencialmente para o amor, no seu mais nobre significado, dela muito dependem as novas gerações, o homem do futuro.

Conclamá-la à abnegação e ao laboratório da caridade com elevação de propósitos, inspirando-a ao incessante prosseguimento das realizações cristãs primitivas, eis um dever que a todos nos cabe desempenhar...

Pouco importam os contributos de renúncia e de sacrifício. Nesta arrancada para os novos tempos do amanhã, a mulher espírita desempenhará superior desiderato, porque modelada, como todas, para ser mãe, mesmo que suas carnes não se enflexçam com as expressões dos filhos, far-se-á o anjo tutelar dos filhos sem mães, mãe pelo coração e pela dedicação a todas as criaturas.

24

JESUS E AS MULHERES[26]

Em todas as formosas facetas da existência de Jesus, quando esteve na Terra no Seu ministério de amor, observamos a grandeza dos valores que O caracterizavam.

Jamais foi surpreendido em uma atitude que contradissesse o ministério elevado a que se devotava com abnegação até a oferta da própria existência no infamante madeiro da cruz, que Ele transformou em asas de libertação.

Nenhuma palavra, gesto algum constituíram oposição à Sua mensagem de amor e de misericórdia, mesmo quando perseguido de maneira pertinaz pelos inimigos do bem.

Teve a elevação moral de opor-se a todos os preconceitos, filhos da ignorância e do egoísmo, que dominavam a desvairada sociedade de então, perdida nas alucinações do poder e da guerra como da indiferença pelos pobres e oprimidos.

Os campos abandonados e as cidades abarrotadas de mendigos e de infelizes de toda ordem demonstravam a decadência da administração do país, vítima da submissão a Roma, que elegia os seus governantes...

---

26. FRANCO, Divaldo; ÂNGELIS, Joanna de [Espírito]. *Seja feliz hoje*. 1ª ed. Salvador: LEAL, 2016, cap. 28.

Concomitantemente, a revolta e o dissabor alucinavam os mais fracos, que tentavam reagir às circunstâncias inditosas, silenciados por castigos atrozes, prisões irrespiráveis e morte impiedosa.

Sem alarde, mas com vigor, revogou as leis absurdas defluentes da barbárie, do período vivenciado na aridez do deserto...

Ante os poderosos do transitório poder, manteve sempre a dignidade, sem humilhar os enganados nem submeter-se-lhes.

Modificando as estruturas religiosas fundamentadas na aparência e nos símbolos do esoterismo decadente, ampliou o entendimento da Verdade, desvestiu os mistérios e os cultos em que se locupletavam os sacerdotes, manteve convivência com os humildes e desconsiderados.

Sempre esteve ao seu lado, nas tascas, nas praias, nas ruas, em toda parte, erguendo-os e dando-lhes nobreza.

Glorificava o *Reino dos Céus*, sem menosprezar os deveres terrestres, exaltando-os com normas educativas para a evolução.

Sereno, era sempre arguido pela malícia e astúcia do comportamento dos cidadãos pusilânimes, e utilizou-se da energia do bem para desmascará-los e facultar-lhes o arrependimento e a renovação.

Sempre expressou misericórdia, mesmo onde a justiça deveria funcionar.

Teve a Sua atenção dirigida à infância desvalida, à velhice abandonada, às mulheres desrespeitadas.

Levantou sempre a voz em favor dos oprimidos e dos rebaixados.

Embora não concordasse com os governantes arbitrários, demonstrava respeito e admoestava-os para a ação do bem e dos direitos humanos desconhecidos.

Anunciou a felicidade mediante o trabalho e o culto da fraternidade, demonstrou que as diferenças das classes sociais são resultados das paixões perturbadoras e que o mais útil é sempre mais importante do que o ocioso dourado.

Recusou toda e qualquer homenagem que Lhe exaltasse o *ego*, transferiu as Suas obras grandiosas para Deus.

Fez-se servidor, viveu para auxiliar sem limites nem exceções.

As Suas palavras eram comuns, porém, faziam-se poderosas e de significado tão profundo que ninguém as pôde repetir conforme Ele as proferia.

Jesus é a mais elevada expressão de vida que a Humanidade conhece.

Foi, no entanto, em relação à mulher ultrajada ou que se permitiu perder a dignidade que a Sua ternura atingiu índice de docilidade inabitual entre as criaturas. A mulher era tão subalterna que não se deveria saudá-la em público, apresentar-se fora do lar sem um membro da família acompanhando-a.

Sem significado social e humano, era submetida à humilhação e à sujeição, às penalidades absurdas, sempre culpada pelos delitos aos quais fosse empurrada por criaturas inescrupulosas.

Na Samaria detestada pelos judeus, elegeu uma mulher enredada em conflitos e angústias, desrespeitada em seus sentimentos, sem a honra da maternidade para desvelar-se-lhe na condição do Messias!

Na praça pública impediu uma sofredora surpreendida em adultério, ameaçada por pecadores mais graves e os afastou com uma singela resposta à indagação sórdida que Lhe haviam feito: *Aquele que estiver sem culpa atire-lhe a primeira pedra.*

Na residência de Lázaro, em Betânia, convidou Marta a seguir o exemplo de Maria, que se detinha *na melhor parte,* que era ouvi-lO e viver-Lhe os ensinamentos.

Para escândalo de Simão e dos seus convidados, aceitou a demonstração pública do bálsamo perfumado que uma mulher Lhe ofereceu, e lavou os Seus pés, enxugando-os com os seus cabelos, sem receio dos comentários e críticas mordazes.

...E, por causa desses sentimentos inabituais, estava sempre cercado pelas mulheres que, sob o Seu tutorado, não temiam a nada ou a ninguém e O seguiam com fidelidade.

Foi o primeiro psicoterapeuta a atendê-las e a reabilitá-las.

Ele sabia que a mulher, pela sua constituição orgânica e hormônios, é a força na qual a Humanidade se apoia.

Sem demérito para os homens, a maternidade que a sublima é o ponto de partida para a exaltação da vida e a glória estelar no mundo.

Estimulando-a a libertar-se da escravidão, apontou-lhe o caminho austero e livre do amor e da abnegação, para erguer a Deus todas as criaturas.

Hoje, no entanto, com as exceções respeitáveis, ei-las, as mulheres escravas mais submissas das dissoluções, dos crimes de toda espécie, esquecidas dos santos compromissos maternais, da responsabilidade, competindo com alguns homens vis em semelhantes degradações...

Os degraus da ascensão que as elevaram pareceram ruir, derrubando as imprevidentes, qual ocorreu com as noivas invigilantes da Sua parábola.

Ele permanece, no entanto, o mesmo, auxiliando-as a todas que O busquem, que se encontrem mergulhadas na aflição, no desencanto e no arrependimento.

Quando a mulher se reerguer, disposta à conquista da plenitude, Jesus a estará aguardando, e sorrindo-lhe dirá: *Bem-aventurada servidora do Pai, fiel cocriadora com Ele.*

25

FEMINISMO[27]

Espírito, no seu processo de evolução, tramita pelas experiências da sexualidade sem fixar-se de forma inamovível numa ou noutra área.

Habitando uma anatomia masculina ou feminina, valem-lhe as somas dos comportamentos vividos, que lhe conferem conquistas mediante as quais se aprimora e desabrocham as aptidões que lhe dormem latentes.

Os direitos, por isso mesmo, atribuíveis a um sexo em detrimento do outro são resultado do atavismo ancestral que tem sua gênese na ignorância das leis e finalidades da vida, da reencarnação...

O homem e a mulher são, desse modo, partes essenciais da equação da vida biológica, do mecanismo da existência na Terra.

As aparentes manifestações de força e fraqueza são resultados mais do organismo do que da realidade espiritual de cada um.

Para a organização somática exercer a masculinidade ou a feminilidade como meio de crescimento, a fim de alcançar as finalidades a que o Espírito se destina, cada forma é elaborada obedecendo aos princípios que lhe norteiam os objetivos.

---

27. FRANCO, Divaldo; ÂNGELIS, Joanna de [Espírito]. *Luz viva*. 1ª ed. Salvador: LEAL, 1985, cap. 8.

No homem, a força tem sido um dos atributos mais comuns, enquanto que a sensibilidade é outorgada à mulher, em razão da maternidade que ela deve exercer, iniciando o ser desde as primeiras horas na aprendizagem e na aquisição de valores elevados de referência à vida.

Não obstante, aparecem expressões inversas, sem qualquer patologia, em se considerando as impressões vigorosas que permanecem da existência anterior...

Perante Deus são iguais os direitos do homem como os da mulher, embora situados em misteres próprios, podendo executar um a tarefa do outro, conforme as circunstâncias, sem que se invertam as finalidades da vida de cada qual.

Realizando os deveres que lhes cumprem, completam-se esses dois elementos, propiciando-se a harmonia.

O feminismo, no bom sentido, é perfeitamente louvável, quando proclama a dignidade da mulher, os seus valores e os seus direitos, não, porém, quando conclama a disputa de papéis que ao homem cabe desempenhar; ou o direito do aborto criminoso, como meio de afirmação, derrapando em lamentável delito; ou na liberação da sexualidade, escravizando-se ao instinto e rolando no paul de suas mais vis dependências; ou da aceitação dos vícios e condicionamentos inferiores que o homem tem amesquinhado através dos séculos e de que se deveria libertar, sem que o lograsse até este momento...

A ninguém, ao homem ou à mulher, são concedidos a libertinagem, o cultivo dos vícios degradantes, as licenças morais perniciosas, a prática de crimes...

Quando alguém delinque num sexo, pelo abuso, normalmente reencarna no outro, assinalado por limitações necessárias que lhe constituem provação abençoada que deve superar ao preço de renúncias, sacrifícios e resignação.

Volve, doutras vezes, na mesma área da sexualidade, todavia sob injunções aflitgentes com que se regenera, como prólogo para futuros empreendimentos.

A maternidade exige e desenvolve a sensibilidade, a ternura, a paciência, aumentando a capacidade do amor na mulher.

A paternidade, igualmente, não descarta esses valores; entretanto, caracteriza-os com a energia equilibrada e o vigor bem dosado para completarem a obra da educação na personalidade, que deve ser trabalhada por ambos os genitores que novamente se completam e se identificam na realização do dever.

Os direitos da mulher são as suas conquistas morais, intelectuais, a liberdade de ação e de comportamento, sem as vexatórias colocações da desagregação da vida ou do extremismo, num inconsciente ou programado desforço contra os limites e condicionamentos sofridos no passado...

Entre os que acompanhavam Jesus, na hora máxima do testemunho, encontravam-se as mulheres que, arrebentando todos os preconceitos de uma época hostil e ignorante, impertérritas, afrontaram a massa ignara mediante as suas forças morais e O seguiram até a cruz, a morte...

Foi, também, a uma mulher a quem Ele se apresentou, na ressurreição, como a demonstrar o conceito em que tinha o ser feminino, elegendo-o para dar a boa-nova da Sua volta e libertar-se, desde então, dos grilhões que a impiedade e o orgulho lhe haviam colocado ostensivamente.

Honrado por Sua mãe, que O seguiu, e honrando-a, dignificou para sempre a mulher, que permanece nobre credora de amor e respeito na sua condição de cocriadora da vida humana.

Segunda PARTE:

Amor e relacionamentos

26

RELACIONAMENTOS[28]

O ser humano é um animal biopsicossocial, dirigido pelo instinto gregário, necessitado da convivência com outrem da mesma espécie, a fim de desenvolver os conteúdos inerentes à sua evolução.

Quando isolado, tende a vivenciar conflitos e perturbações físicas, emocionais e psíquicas, às vezes, irreversíveis.

O calor dos relacionamentos oferece-lhe vitalidade e desenvolve-lhe a confiança nos investimentos da afetividade e de outros sentimentos nobres, contribuindo para a autorrealização nos objetivos a que se vincula.

Os relacionamentos nem sempre se desenvolvem no clima que deveria ser ideal, isto é, de reciprocidade, de respeito e amizade.

Assim sucede porque o egoísmo e as paixões primitivas dificultam-lhe as manifestações de equilíbrio e de discernimento na pauta da convivência com outrem em particular e com as demais pessoas em geral.

Destacando-se o temperamento rebelde, fruto das heranças ancestrais de predominância da força bruta sobre os sentimentos dignificantes, o indivíduo que deseja a bênção do relacionamento, em vez de preocupar-se com o seu significado, aquilo que pode e gostaria de

---

28. FRANCO, Divaldo; ÂNGELIS, Joanna de [Espírito]. *Jesus e vida*. 2ª ed. Salvador: LEAL, 2016, cap. 5.

oferecer, deseja apenas auferir os benefícios retirados do outro, sem a contribuição pessoal da afetividade, da cooperação.

Todo relacionamento exige reciprocidade para ser exitoso, a fim de ensejar bem-estar, intercâmbio de vibrações harmônicas, alegria de viver.

Os primeiros relacionamentos têm lugar no regaço materno, quando se manifestam as primeiras expressões da afetividade do adulto em relação à criança. É nessa fase que se desenvolvem as sementes do amor divino adormecidas no cerne do ser, aguardando o adubo da ternura, o calor do amparo, a chuva das carícias, os cuidados vigilantes da preservação da vida...

À medida que se fortalecem os laços da família em relação à criança, expande-se-lhe o campo de relacionamento, ensejando-lhe melhor entendimento em torno da vida, que é feita de fatores conjugados em reciprocidade de contribuição, graças à qual é possível o prosseguimento existencial.

Logo depois surgem os pródromos do relacionamento social, na escola – seja no ciclo maternal, infantil, de alfabetização, fundamental... –, fortalecendo ou não a segurança no apoio da amizade, conforme as respostas da convivência com os adultos, os educadores, as demais pessoas...

Entre os animais irracionais, com algumas exceções, os pais orientam os filhos em relação ao grupo, na busca da alimentação, da preservação da prole, da espécie, na demarcação da área que lhes pertence, após o que os deixam por conta própria, quando já se encontram em condições de sobrevivência.

Em face do instinto de preservação da vida, o fenômeno dá-se por automatismo, imprimindo, pela repetição, nos hábitos dos descendentes, os recursos que os preservarão, auxiliando-os no crescimento e sobrevivência em relação aos predadores e aos fatores circunstanciais e ambientais.

O ser humano, que pensa, nem sempre age conforme aprendeu, permitindo-se desorientar, vivenciando condutas agressivas e infelizes, destruindo os relacionamentos indispensáveis à existência feliz.

❖

Amor e sexualidade: a conquista da alma

Em qualquer relacionamento em que te encontres, cuida de ser leal e honesto, não te utilizando de recursos desprezíveis, mesmo que objetivem resultados que supões ser construtivos. O erro, a intenção malévola, não podem contribuir de maneira saudável, porque as suas são estruturas deficientes e enfermiças. O mal jamais operará em favor do bem, porque a sua é uma contribuição destrutiva.

Somente a verdade, mesmo que amarga e muitas vezes afligente, preserva saudáveis os relacionamentos.

A amizade é fator essencial em qualquer tipo de relacionamento, por caracterizar-se pelo desinteresse pessoal, imediatista, ao influxo da disposição da convivência enriquecedora.

Nessa conjuntura, ninguém se apresenta mais importante, evitando-se sempre a exaltação do *ego*, que é fator dissolvente de todo empreendimento edificante.

À medida que se estreitam os laços da amizade, podem surgir outras expressões de afetividade, tornando o relacionamento mais complexo e mais profundo, muitas vezes culminando na identificação de propósitos e ideais, que se consolida em matrimônio, abrindo espaço para a constituição da família.

Nos relacionamentos sociais, lamentavelmente, quase sempre predominam a mentira, a bajulação em referência aos poderosos, submissão e falsidade, que logo se convertem em traição e abandono, assim que os ventos dos interesses mudam de direção.

A sociedade, no entanto, merece contribuição enriquecedora, distante dos habituais comportamentos sórdidos, nos quais a intriga e a mentira adquirem cidadania, em detrimento da fidelidade e do respeito, cada qual tentando alcançar mais alto patamar, na escada da insensatez.

Essa conduta mórbida expande-se na direção dos relacionamentos comerciais, políticos, artísticos, culturais de toda expressão, porquanto é o indivíduo com os seus próprios recursos que se transfere de uma para outra condição no grupo em que se movimenta. Se a sua é uma conduta enfermiça, naturalmente que a impõe onde se encontre, produzindo desequilíbrio ou desordem. Se, no entanto, é portadora de recursos educativos, significando elevação de princípios, por certo contribuirá para a preservação da convivência responsável e benéfica.

O indivíduo, desse modo, é sempre o agente do sucesso ou do desastre na área dos relacionamentos.

A fraternidade constitui, então, o passo mais feliz no processo das relações entre as criaturas humanas, porquanto impulsiona à afeição como se fosse biológica, portanto, destituída de paixões individualistas, trabalhando em favor do mesmo clã, do grupo doméstico.

É certo que nem sempre, no lar, encontram-se Espíritos afins, que sejam capazes de trabalhar em comunhão de pensamento e de ideal, muitas vezes, lutando encarniçadamente, devorados pelos ódios ancestrais, que procedem das condutas infelizes de outras existências, agora em processo de recuperação. Entretanto, é na família que se consolidam os sentimentos e se ampliam os tesouros da verdadeira afeição.

Os relacionamentos sexuais, que têm destaque nos grupos humanos, como fundamentais para a vida, são mais frutos do instinto que dos sentimentos. Aparentemente surgem como impulsos de falso amor, em paixão abrasadora, que arrasta a comportamentos precipitados e a uniões sem estrutura moral, econômica ou mesmo afetiva.

Logo passam os impulsos defluentes do desejo asselvajado, porque não se submetem ao controle da razão, e desaparecem os relacionamentos, transformando-se, não poucas vezes, em lutas e ódios devoradores.

Considerando a necessidade dos relacionamentos saudáveis, Jesus, o Psicoterapeuta por excelência, propôs o amor entre as criaturas humanas em todas e quaisquer circunstâncias, porquanto o amor é essencial para a construção da sociedade terrestre.

O amor é a expressão divina que verte do Alto em favor de tudo quanto existe, trabalhando pela felicidade espiritual da Terra, através das criaturas que hospeda na forma física.

Ama, portanto, e relaciona-te com tudo e com todos, sem receio, oferecendo o que possuas de melhor, dessa maneira fruindo de paz e nunca te sentindo a sós...

27

RELACIONAMENTOS CONFLITUOSOS[29]

Entre os grandes desafios sociais destaca-se o dos relacionamentos entre os indivíduos.

Essencial para uma existência harmônica, a maneira de conviver com o próximo define os rumos saudáveis para a execução das atividades que devem ser desenvolvidas durante a jornada terrestre.

A forma gentil de comunicar-se propicia um agradável clima de alegria e de bem-estar, tornando-se cada vez mais aprazível, a fim de que o êxito se instale nos empreendimentos encetados.

Uma pessoa de temperamento irascível, instável e agressivo sempre defrontará dificuldades para conseguir amizades duradouras, portadoras de enriquecimento emocional e espiritual, porquanto as mudanças de conduta gerarão reações inamistosas naqueles com os quais convive.

Não poucas vezes, o indivíduo conquista outrem, utilizando-se da afabilidade e da gentileza, sem estrutura emocional para preservar a simpatia ou a afetividade desencadeada.

Assumindo posturas hostis, irrita-se pela menor ocorrência, ou dominado por constante mau humor, engendra situações cavilosas para descarregar os fluidos morbosos de que é portador.

---

29. FRANCO, Divaldo; ÂNGELIS, Joanna de [Espírito]. *Diretrizes para o êxito*. 4ª ed. Salvador: LEAL, 2016, cap. 24.

Quase nunca se faz amado, tornando-se invariavelmente temido e detestado.

Se possuidor de fortuna, recebe a bajulação dos seus caudatários que o exploram habilmente, cercando-o de gentilezas e elogios, a fim de beneficiar-se das migalhas que lhes atira de maneira despótica. No entanto, odeiam-no e sempre aguardam ocasião para descarregar-lhe de forma ostensiva a aversão e sentimentos de despeito, de vingança e de malquerença que preservam no íntimo.

Humilhados que foram, silenciam as ofensas por conveniência e acumulam-nas até o momento que lhes parece próprio para a libertação do jugo opressor e odiento.

Quando pobre, destituído de recursos amoedados, de bens outros de qualquer natureza, experimenta o reproche sistemático de todos, permanecendo isolado e rebelde sob o acúmulo de conflitos perturbadores.

Essa pessoa difícil de convivência é sempre orgulhosa, acreditando possuir os meios próprios para impor a sua vontade até o momento em que defronta outros do mesmo ou pior quilate, com os quais entra em luta infeliz, num campeonato injustificável de insensatez.

Embora essa aparência ríspida e agressiva, oculta demasiadas aflições internas que teme sejam descobertas, o que a humilharia, levando-a a situação deplorável.

Não se amando, atormentada pela timidez e pela insegurança, fruto de uma educação deficiente e sem amor, sem respeito nem consideração, perdeu a autoestima e a alegria real, vivendo numa quase permanente inquietação que procura disfarçar.

Esse comportamento faz-se mais tormentoso quando a afetividade se lhe instala.

Não acreditando que mereça amor, agarra-se à paixão que a consome, vivendo em contínua variação de comportamento emocional.

Explode com frequência para manter-se escondida no abismo da insegurança, e despoticamente se torna indiferente à aflição que desencadeia nos outros. De alguma forma, isso lhe provoca prazer,

Amor e sexualidade: a conquista da alma

porque dispõe de campo emocional mais amplo para descarregar as constantes tempestades internas que a sacodem com violência.

Da mesma forma como se torna irritadiça, volta à normalidade como se nada houvesse acontecido, tornando-se gentil, por cujo meio procura reparar o dissabor provocado.

Conviver com alguém portador deste distúrbio da personalidade é um verdadeiro calvário, especialmente se existe um vínculo de sentimento conjugal ou de parceria afetiva.

Na sua morbidez, acredita estar sempre com a razão, sentindo-se incompreendida sempre e nunca se esforçando para conseguir a mudança de atitude.

Não possuindo resistências morais para enfrentamentos do mesmo tipo, quando se dá conta de como se encontra a sós, sob chuvas ácidas de reproche e de malquerença, refugia-se no ódio surdo com desejos insanos de vingança contra tudo e todos, acreditando-se vítima da tirania social que se levanta para destruí-la.

A sua enfermidade espiritual é mais grave do que pensa, tornando-se cada vez mais inquietadora.

Pode culminar essa conduta doentia em algum crime, seja contra o próximo ou contra si mesmo, mediante suicídio hediondo, quando se dando conta da situação em que se debate.

Sem dúvida, necessita de ajuda psicológica e de tratamento espiritual em razão dos hábitos malsãos que se lhe instalaram em reencarnações transatas.

Incapaz de gerenciar os conflitos, quase sempre se nega a receber o socorro especializado, que lhe facultaria uma existência menos problemática.

Concomitantemente, em razão do nível emocional de baixo teor vibratório e em face das fixações mentais a que se aferra, atrai Espíritos perturbados do mesmo teor moral e estabelecem-se vínculos obsessivos que agravam o quadro.

É muito grande o número de indivíduos agressivos e atrabiliários que se encontram sob terríveis induções espirituais perturbadoras.

Esses adversários, que os sitiam e terminam por dominar-lhes a *casa mental,* exploram-lhes as energias em lamentáveis processos de vampirização que os exaurem, destruindo as defesas imunológicas, dando margem à instalação de outras enfermidades orgânicas e mentais.

São muito infelizes esses relacionamentos conflituosos, por produzirem desgaste incessante naqueles que se encontram na faixa da normalidade e enredam-se no companheirismo sem uma compensação emocional que os reabasteçam de energias.

São mais credores de compaixão e de misericórdia esses enfermos da alma, que preferem ignorar a própria doença, do que de recriminação e animosidade.

Quando te sintas envolto por pessoas portadoras desses conflitos, que buscam relacionar-se contigo, evita qualquer tipo de apego, mantendo-te fraterno e amigo, sem que te deixes dominar pelos seus caprichos.

Se te deparas envolvido emocionalmente com alguém que apresenta esse distúrbio de comportamento, insiste para que receba tratamento conveniente quanto antes.

À medida que o tempo transcorre e a comunhão se torna mais íntima, o indivíduo, havendo perdido o respeito por si mesmo, passa a desconsiderar a pessoa ao seu lado, agredindo-a, malsinando-lhe a existência, atormentando-a seguidamente.

Ama sempre, mas não te permitas relacionamentos conflituosos sob a justificativa de que tens a *missão* de salvar o outro, porque ninguém é capaz de tornar feliz aquele que a si mesmo se recusa a alegria de ser pleno.

28

AFETIVIDADE[30]

Defluente da Lei Natural da vida, a afetividade é sentimento inato ao ser humano em todos os estádios do seu processo evolutivo.

Esse conjunto de fenômenos psicológicos expressa-se de maneira variada como alegria ou dor, bem-estar ou aflição, expectativa ou paz, ternura ou compaixão, gratidão ou sofrimento...

Embora no bruto se manifeste com a predominância da posse do instinto, aprimora-se, à medida que a criatura alcança os patamares mais elevados da razão, do discernimento e do amor.

Mesmo entre os animais denominados inferiores, vige a afetividade em formas primárias que se ampliarão através do tempo, traduzindo-se em apego, fidelidade, *entendimento,* como automatismos que se fixaram por meio da educação e da disciplina.

Não obstante os limites impostos pelos equipamentos cerebrais, em alguns é tão aguçada a percepção, que o instinto revela pródromos de inteligência, que são também expressões de *afeto.*

No ser hominal, em face dos valores da mente, o sentimento desata a emoção, e a afetividade exterioriza-se com mais facilidade.

---

30. FRANCO, Divaldo; ÂNGELIS, Joanna de [Espírito]. *Diretrizes para o êxito.* 4ª ed. Salvador: LEAL, 2016, cap. 26.

Imprescindível à existência feliz, por intermédio do tropismo do amor, desenvolve-se e enternece-se, respondendo pelas glórias da sociedade, pelo progresso das massas, pelo crescimento da consciência e pela amplitude do conhecimento.

Na raiz de todo empreendimento libertador ou de todo empenho solidário, encontra-se a afetividade ao ideal, à pessoa, à Humanidade, estimulando, e, quando os desafios fazem-se mais graves, ei-la amparando o sentimento nobre que não pode fenecer e a coragem que se não deve enfraquecer.

No começo, é perturbadora, por falta de discernimento do indivíduo a respeito do seu significado especial. No entanto, quando se vai fixando nos refolhos da alma, torna-se abençoado refrigério para os momentos difíceis e estímulo para a continuação da luta.

Sem ela a vida perderia o seu significado, tão eloquente se apresenta na formação da personalidade e da estrutura psicológica do homem e da mulher.

A afetividade proporciona forças que se transformam em alavancas para o progresso, alterando as faces desafiadoras da existência e tornando a jornada menos áspera, porque se faz dulcificada e esperançosa.

Ninguém consegue fugir-lhe à presença, porque, ínsita no Espírito, emerge do interior ampliando-se na área externa e necessitando de campo para propagar-se.

A afetividade é o laço de união que liga os indivíduos por meio do sentimento elevado e os impulsiona na direção do Divino Amor.

Quando se pode entender e se *tem olhos de ver*, é possível distinguir a afetividade nos mais variados sentimentos humanos, a saber:

O egoísmo é a afetividade a si mesmo.
O ressentimento é a afetividade egoísta que não foi comprazida.
A bondade é a afetividade que se expande.
O ciúme é a afetividade insegura e possessiva.
O trabalho é a afetividade ao dever.
O ódio é a afetividade que enlouqueceu.
O auxílio fraterno é a afetividade em ação.

A vingança é a afetividade que enfermou.
A preguiça é a afetividade adormecida.
O amor é a afetividade que se sublima.
A caridade é o momento máximo da afetividade...

Em qualquer circunstância libera a tua afetividade desencarcerando-a, a fim de que se expanda e beneficie os demais.

A afetividade é portadora de especial conteúdo: quanto mais se doa, mais possui para oferecer.

É rica, infinitamente possuidora de recursos para expender.

Jamais te arrependas por haveres sido afetuoso.

Não te facultes, porém, uma afetividade exigente, que cobra resposta, que se impõe, que aguarda retribuição.

Atinge o elevado patamar emocional da afetividade que se esquece de si mesma para favorecer a outrem, conforme Jesus a viveu, sem apego nem decepção, por não haver recebido compensação.

A afetividade se completa no próprio ato de expandir-se.

29

AFETOS[31]

O problema da afetividade, na Terra, tem raízes profundas no passado espiritual de cada homem, como consequência natural de antigos comportamentos, em relação aos inapreciáveis valores da vida.

Constitui regra fundamental, na Legislação Divina, que cada ser possuirá, no trânsito carnal, quanto lhe signifique oportunidade de ascensão espiritual, devendo responder pela aplicação dos bens que frua, seja nas largas faixas da saúde, da felicidade e da fortuna ou da dificuldade econômica, do sofrimento e da soledade.

Todo desperdício, em qualquer circunstância, faz-se geratriz de escassez. Da mesma forma, todo uso desordenado torna-se fator de abuso e desequilíbrio, em complicado processo de saturação.

As amplas expressões da afetividade que antes desfrutavas, transformaste, por negligência ou insânia, em rota estreita de padecimento, por onde agora carpes amargos estados d'alma.

O que ora te falta, arrojaste fora.

---

31. FRANCO, Divaldo; ÂNGELIS, Joanna de [Espírito]. *Celeiro de bênçãos*. 10ª ed. Salvador: LEAL, 2018, cap. 41.

Quem hoje te significa muito e é disputado por competidores vigorosos em relação às tuas fracas possibilidades, já não te pertence. Mesmo que te doam as fibras do coração aceitar esta situação, resigna--te às circunstâncias punitivas e prossegue sem desfalecimento.

Não te atires em lôbrega disputa.

O que agora não consigas, ser-te-á ofertado depois, se te credenciares através de merecimento superior.

O amor entre as criaturas, não raro, se faz cadeia ou algema, quando o desatino não converte em escravidão ou loucura.

Olha em derredor: há necessidades de muito porte, pranteando aflições mais rudes que as tuas. Aqui é a fome, ali é a enfermidade, além é a obsessão avassalando antigos comparsas do desregramento... Carpem, é verdade, necessitando, no entanto, de socorro.

Transforma, assim, as conchas das tuas mãos vazias de carícias recebidas e envolve esses outros caminhantes da amargura e da solidão com a ternura que podes ofertar.

Certamente, o teu é o drama da falta de alguém que te possa refertar o espírito, dando-te tranquilidade, segurança.

Estará, porém, alguém, na roupagem carnal, em regime de harmonia?

Ignoras os infortúnios dos que sorriem, aparentando felicidade e não sabes das inquietações de que são objeto os que te parecem roubar a quem amas, cavando abismos de distância entre o ser amado e tu, mas que, afinal, será despenhadeiro para a própria precipitação, na queda, em cuja borda se encontram...

Não te desgastes pela sofreguidão da posse dos afetos que pensam ou desejam ir adiante, ou sofrem pela constrição da tua presença.

Um dia, separar-te-ás deles pela desencarnação.

Os amores verdadeiros se refarão, os demais serão experiências para o futuro eterno.

Prepara-te a pouco e pouco, para esse momento.

Nem apego exagerado, nem indiferença mórbida.

Aumenta as províncias da tua afetividade, libertando-te das amarras que te atam a pessoas e coisas, irrigando mentes e corações que defrontes, com as alegrias que gostarias de gozar, mas que, por enquanto, ainda não podes desfrutar.

Não tomes, assim, dos outros o que te chega tardiamente, nem compliques o amanhã, considerando as dificuldades que hoje te maceram.

E se parecer-te difícil chegar ao fim do compromisso, na atual reencarnação, porque te sintas a sós, reflete na misericórdia de Nosso Pai e nos amores que te esperam, vencida a distância que te separa das praias felizes que atingirás, logo mais, onde estarão os que te precederam e te amam em caráter de totalidade.

30

RELACIONAMENTOS AFETIVOS[32]

O instinto gregário que predomina em todos os animais e especialmente no ser humano, que nasceu para viver em grupo, constituindo greis e a própria humanidade, condu-lo inevitavelmente aos relacionamentos que fazem parte da sua existência.

A caminhada de ascensão em isolamento é uma agressão ao processo evolutivo, assinalada por sofrimentos desnecessários.

Certamente há casos em que a solidão conduz às reflexões profundas, servindo de *pano de fundo* para os registros superiores da vida.

O afastamento da sociedade, porém, sob o pretexto de servir a Deus, sem dúvida representa uma fuga, talvez inconsciente, dos relacionamentos responsáveis pelas experiências da convivência, da solidariedade, em tentativa de se evitar conflitos e desgastes normais em todas as expressões de vivência com outrem.

A proposta de sabedoria apresentada por Jesus diz respeito ao amor ao próximo como fundamental para o salto emocional glorioso para o amor a Deus.

O desenvolvimento da afetividade é impositivo natural do processo de elevação do Espírito.

---

32. FRANCO, Divaldo; ÂNGELIS, Joanna de [Espírito]. *Ilumina-te*. 1ª ed. São Paulo: InterVidas, 2013, cap. 24.

Manifesta-se, invariavelmente, no início, através dos impulsos da libido, como decorrência do instinto, sendo responsável pela multiplicação da espécie. À medida, porém, que o ser humano mais se eleva, torna-se de maior complexidade, culminando na abnegação, na renúncia, no sacrifício até mesmo da própria existência.

As criaturas necessitam de relacionamentos afetivos, mesmo nos reinos iniciais da evolução...

Dessa maneira, desde a eleição pura e simples dos parceiros, nos períodos primários em que havia a predominância dos caprichos masculinos, a união sexual constituía uma das razões fundamentais para o bem-estar dos grupamentos sociais.

Lentamente, em razão do processo de discernimento emocional e do surgimento dos princípios éticos e morais, buscando-se equilibrar as funções do sexo distante da promiscuidade e dos relacionamentos múltiplos, surgiu a monogamia como sendo um estágio no qual o sentimento de amor passou a predominar, em detrimento dos impulsos desordenados da libido.

A disciplina sexual tornou-se elemento significativo no processo de equilíbrio comportamental e espiritual da criatura humana.

Com essa conquista, a família passou a ser indispensável fator de socialização da criatura terrestre.

Mesmo quando ainda predominava nos relacionamentos o egoísmo, a família abria o leque da afetividade distribuída com todos os membros.

A união, portanto, dos parceiros tornou-se uma necessidade defluente do progresso social, no entanto, porque a cultura vigente ainda se apresentasse asselvajada, a mulher tornou-se vítima das paixões sórdidas, foi situada em plano inferior, sendo-lhe impostas penalidades perversas, quando cometendo qualquer equívoco que desagradasse o parceiro caprichoso.

A *culpa* que lhe foi imposta pelo mito da Criação, tornando-a responsável pela defecção do homem no paraíso, fê-la inferior e, portanto, subalterna, amada, mas relegada a plano de significação secundária.

Graças à evolução do pensamento filosófico, psicológico e sociológico, lentamente a mulher conquistou o seu lugar de relevância no relacionamento afetivo, na construção e condução da família, facultando-lhe os mesmos direitos que são concedidos ao homem.

A liberdade anelada pela mulher, depois das humilhações milenárias e da submissão absurda através dos tempos, terminou por ser adquirida, correndo o perigo, porém, na atualidade, de resvalamento na libertinagem que infelizmente a espreita...

Os relacionamentos afetivos são de alta significação no processo de crescimento do ser humano, que busca a fraternidade universal por impositivo do progresso infindo ao qual se encontra submetido.

Enquanto viceja o vício mental em torno do relacionamento egoico e pessoal, certamente a relação afetiva está condenada ao fracasso.

Existem uniões que são programadas no Mundo espiritual, antes do mergulho carnal, quando os futuros parceiros se comprometem a estar juntos, contribuindo para o bem-estar da Humanidade.

Parcerias, no entanto, na maioria das vezes, resultam de interesses imediatistas, de sensações de prazer, de necessidades biológicas e emocionais, sem compromissos de responsabilidade.

Em casos dessa natureza, são rápidas e frustrantes, porque cada um dos membros está mais interessado em si mesmo do que no outro, o que produz lamentáveis transtornos emocionais e sociais.

Quando se trata de pessoas psicologicamente maduras e responsáveis, o amor predomina na busca do parceiro, que é eleito em razão dos seus valores internos, portanto pela sintonia de ordem espiritual, constituindo os relacionamentos felizes.

Nesses casos, os valores éticos predominam e ajudam a superar as dificuldades normais no entendimento entre aqueles que se unem, sem que percam as suas características, mas também sem que imponham ao outro somente aquilo que lhes convém.

Quando assim ocorre, a família estrutura-se em bases seguras de respeito e de amizade entre todos os seus membros, tornando-se paradigma de sustentação do grupamento social.

Havendo ou não firmados compromissos legais ou religiosos em torno da união, o que prevalece é sempre o amor.

Quando o amor não floresce nos sentimentos e nas mentes, a jornada é áspera e rica de acidentes perturbadores, os relacionamentos são breves e tumultuados, porque do sexo logo passa, e novos interesses instalam-se nos indivíduos que são descomprometidos com os valores emocionais do outro.

Desse modo, todo e qualquer relacionamento afetivo que mantém dois indivíduos em união é credor do maior respeito, por ensejar a harmonia de ambos os parceiros que se sentem compensados pelas sensações do prazer e sobretudo pelas elevadas emoções da afetividade.

O afeto vincula as criaturas, umas às outras, permitindo também o intercâmbio de *hormônios psíquicos,* realmente responsáveis pela harmonia e saúde integral de todos os seres humanos.

Nessas ocasiões felizes sempre há a preocupação de repartir júbilos com o outro, assim como compartir as alegrias daqueles defluentes.

Quando buscares parcerias afetivas, recorda-te sempre de contribuir em favor de quem eleges para companhia, considerando que não tens o direito de ferir os sentimentos do teu próximo, de quem se te afeiçoa e confia, entregando-se em regime de totalidade.

O uso que fizeres da tua afetividade construirá o teu futuro de bênçãos ou de solidão, mesmo que acompanhado, num tormentoso *vazio existencial,* que tipifica a sociedade contemporânea.

A união dos sexos sob as luminosas bênçãos do amor é o sublime instituto no qual se edifica a família, síntese essencial da grande humanidade.

31

SENTIMENTOS E AFETIVIDADE[33]

A expressiva maioria da sociedade encontra-se desassisada, especialmente pela falta de amor.

Assevera-se que o amor não conseguiu sobreviver à época da ciência de pesquisas frias e da tecnologia, tornando-se uma vaga sensação de prazer, que se experimenta nos encontros momentâneos.

Informa-se, ainda, que a convivência consegue destruí-lo, produzindo a rotina, o desinteresse, sendo ideal, portanto, que os relacionamentos da afetividade ocorram sem a contínua convivência.

Como efeito, as pessoas que se dizem amar residem em locais diferentes, encontrando-se, sem maiores responsabilidades, para os prazeres do repasto, das festas, do teatro e do cinema, dos períodos de férias, sobretudo para a união sexual...

A experiência vivida por Jean-Paul Sartre e Mme. Beauvoir, no século passado, *amando-se* e vivendo em residências separadas, influenciou toda uma geração e ressurge com características especiais, ensejando relacionamentos sem maiores compromissos, nos quais os parceiros têm a sua própria vida, sua liberdade inalterada, mantendo fidelidade ao eleito.

---

33. FRANCO, Divaldo; ÂNGELIS, Joanna de [Espírito]. *Entrega-te a Deus.* 1ª edição especial e premium. São Paulo: InterVidas, 2013, cap. 12.

Essa conduta leviana proporciona uma falsa existência de gozo, na qual a amizade enriquecedora, os diálogos recheados de experiências e de permutas de bondade desaparecem, dando lugar a encontros fortuitos somente para a preservação do egoísmo. Em consequência, o isolamento das criaturas faz-se cada dia mais volumoso, e as distâncias tornam-se mais difíceis de ser vencidas. A desconfiança substitui o prazer da companhia, a insensibilidade domina os sentimentos, e quando surgem os desafios, em forma de enfermidades, de conflitos, de problemas econômicos, o outro imediatamente desaparece, deixando ao abandono o ser com o qual se vinculava...

Dir-se-á que o mesmo ocorre nos relacionamentos convencionais, no matrimônio, na parceria no mesmo lar, o que não deixa de ser verdade, porém em número de vezes muito menor.

O prazer sensual, como é compreensível, desaparece logo depois de um período de experiências, dando lugar à busca erótica de novas sensações, especialmente para as pessoas sem formação moral equilibrada.

Isto porque, nessas relações, o amor verdadeiro é dispensável, não se tornando essencial para a perfeita identificação dos sentimentos.

O amor é uma emoção profunda que merece considerações especiais, caracterizando-se por valores significativos.

Ele inspira a amizade sem jaça, o apoio incondicional, o respeito contínuo, a dedicação integral, porque é fator de imensurável significado para a existência humana. Mesmo entre os animais, o instinto que se transforma em afetividade no processo da evolução é responsável pela preservação da prole e sua preparação para os enfrentamentos da sobrevivência.

Pessoas imaturas, sonhadoras e fantasistas mantêm o sentimento de amor dentro do padrão lúdico, vivendo em busca da sua *alma gêmea*, a fim de completar-se, como se os indivíduos fossem metades aguardando a outra parte.

As almas nascem gêmeas nos sentimentos universais, nos ideais de engrandecimento, na grande família, na qual se destacam os Espíritos mais evoluídos, capazes dos gestos nobres da renúncia e da ab-

Amor e sexualidade: a conquista da alma

negação em favor daqueles a quem ama e, por extensão, por todas as criaturas...

Desejando-se a *alma gêmea,* intimamente se anela por encontrar alguém disposto a servir e estando sempre presente nas necessidades, sem pensar-se na retribuição e nos cuidados que devem ser mantidos por sua vez.

Os sentimentos são conquistas valiosas do curso evolutivo, que se vão aprimorando pelas vivências, pelas longas reencarnações.

Viajando do instinto, aprimora-se e pode apresentar-se de formas variadas: a atração, que pode ser física, social, econômica, na qual o aspecto externo do outro exerce papel preponderante; a mental, que se expressa como de natureza intelectual, em razão da lucidez e da vivacidade que são detectadas noutrem; e, por fim, aquela de natureza espiritual, que transcende aos interesses imediatos, facultando bem-estar, alegria na convivência, sentimento de companheirismo.

As emoções, no entanto, estão sempre variando, não raro de acordo com as circunstâncias, as reações fisiológicas, transformando o sentimento de afeto em antipatia, após certo período de descobrimento da outra pessoa.

Essa ocorrência é comum quando o amor se manifesta numa das duas primeiras expressões a que nos referimos.

No sentimento profundo, mesmo havendo variação de emoções, o amor torna-se mais significativo, capaz de resistir e superar as alterações que venham a ocorrer.

Quando se manifestam as expressões do amor, quase sempre aqueles que não têm maturidade para a vivência expressiva do sentimento enobrecido logo pensam em adaptar-se àquele por quem se sentem atraídos, alterando a programação existencial.

O amor não necessita que ocorram mudanças de compromissos, antes, pelo contrário, é um dínamo de forças e dispensador de energias para que se levem adiante as tarefas abraçadas, impulsionando ao crescimento interior e ao desenvolvimento da sabedoria.

É compreensível que esse sentimento não atrele uma a outra pessoa, gerando dependência de qualquer matiz. Inversamente, liberta os que se envolvem, dando-lhes um encantamento especial que na esfera física se traduz como contínuas descargas de adrenalina invadindo a corrente sanguínea e proporcionando estímulos renovados.

Por outro lado, estimula a produção equilibrada da dopamina, a denominada substância responsável pela alegria, dentre outras finalidades especiais, facultando júbilo, mesmo quando sem a presença física do ser amado.

É comum dizer-se que a distância esfria o amor, apaga-o. Essa ocorrência tem lugar quando é fruto do entusiasmo, da paixão, e arde como labareda que rapidamente consome...

O amor a outrem, desse modo, é também resultado do autoamor, quando o indivíduo se pode relacionar bem consigo, sustentando-se e possuindo as valiosas energias da saúde que pode esparzir.

Normalmente, quando se fala em amor e se o confunde com sexo, o pensamento reveste-se dos interesses de fruir-se, de utilizar-se do outro, de receber benefícios. E como o fenômeno é recíproco, a aparente união mantém dois solitários sob o mesmo sentimento, distantes dos benefícios que devem resultar quando a afeição é verdadeira.

Indispensável, portanto, nas tentativas de aprimorar-se os sentimentos e a afetividade, investir-se no autoaprimoramento, no esforço de tornar-se melhor, dessa maneira podendo ser feliz com aquele a quem se elege para companhia.

É necessário que o amor eleve aquele que se entrega, e não constitua uma base para segurança pessoal, para fruição, porquanto sempre se recebe conforme se doa.

Se alguém espera receber, é frágil ou fragiliza-se, tornando o outro seu protetor, que também tem necessidade de beneficiar-se, e não encontrando esse concurso na pessoa com quem se relaciona, consciente ou inconscientemente, parte em busca de outrem.

No enfraquecimento, as emoções inferiores aparecem e transtornam a afetividade.

Ama, portanto, deixando que os teus sentimentos nobres governem a tua existência, e poderás fruir os benefícios que defluem dessa conduta.

32

AFETIVIDADE
CONFLITIVA[34]

A busca da afetividade constitui-se numa ansiosa necessidade de intercâmbio e de relacionamento entre as criaturas humanas ainda imaturas.

Acreditam, aqueles que assim procedem, que somente através de outrem é possível experimentar a afeição, recebendo-a e doando-a.

Como decorrência, as pessoas que se sentem solitárias atormentam-se na incessante inquietação de que somente sentirão segurança e paz quando encontrem outrem que se lhes constitua suporte afetivo.

Nesse conceito encontra-se um grande equívoco, qual seja esperar de outra pessoa a emoção que lhe constitua completude, significando autorrealização.

Um solitário quando se apoia em outro indivíduo, que também tem necessidade afetiva, forma uma dupla de buscadores a sós, esperando aquilo que não sabem ou não desejam oferecer. É claro que esse relacionamento está fadado ao desastre, à separação, em face de se encontrarem ambos distantes um do outro emocionalmente, cada qual pensando em si mesmo, apesar da proximidade física.

---

34. FRANCO, Divaldo; ÂNGELIS, Joanna de [Espírito]. *Atitudes renovadas*. 1ª ed. Salvador: LEAL, 2009, cap. 11.

Faz-se imprescindível desenvolver a capacidade de amar, porque o amor também é aprendido. Ele se encontra ínsito no ser como decorrência da afeição divina, no entanto, não poucas vezes adormecido ou não identificado, deve ser trabalhado mediante experiências de fraternidade, de respeito e de amizade.

Partindo-se de pequenas conquistas emocionais e de júbilos de significado singelo, desenvolve-se mediante a arte de servir e de ajudar, criando liames que se estreitam e se ampliam no sentimento. Estreitam-se, pelo fato de aprender-se união com outrem e ampliam-se mediante a capacidade de entendimento dos limites do outro, sem exigências descabidas nem largas ao instinto perturbador de posse nas suas tentativas de submissão alheia...

Resultante de muitos conflitos que aturdem o equilíbrio emocional, esses indivíduos insatisfeitos, que se acostumaram às bengalas e às fugas psicológicas, pensam que através da afetividade que recebem lograrão o preenchimento do *vazio existencial,* como se fosse uma fórmula miraculosa para solucionar-lhes as inquietações.

Os conflitos devem ser enfrentados nos seus respectivos campos de expressão e nunca mediante o mascaramento das suas exigências, transferindo-se de apresentação.

Os fatores psicológicos geradores dessas embaraçosas situações são muito complexos e necessitam de terapêuticas cuidadosas, de modo que possam ser diluídos com equilíbrio, cedendo lugar a emoções harmônicas propiciadoras de bem-estar.

Nesse sentido, a afetividade desempenha importante labor, qual seja o desenvolver da faculdade de amar com lucidez, ampliando o entendimento em torno dos significados existenciais que se convertem em motivações para o crescimento intelecto-moral.

Quando se busca o amor, possivelmente não será encontrado em pessoas, lugares ou situações que pareçam propiciatórias. É indispensável descobri-lo em si mesmo, de modo a ampliá-lo no rumo das demais pessoas.

Qual uma chama débil que se agiganta estimulada por combustível próprio, o amor é vitalizado pelo sentimento de generosidade e nunca de egoísmo que espera sempre o benefício antes de proporcionar alegria a outrem.

Na imaturidade psicológica, cada qual aspira a compensações afetivas, como os prazeres que se derivam do sexo, da companhia constante, das doações pessoais e generosidades, sem a preocupação de ser aquele que se torna gentil e afável...

A predominância do egoísmo tolda-lhe a visão saudável do sentimento de afetividade e impõe-lhe exigências descabidas que, invariavelmente, o tornam vítima das circunstâncias. Em tal condição, sentindo a impossibilidade de amar ou de ser amado, procura, aflito, despertar o sentimento de compaixão, apoiando-se na piedade injustificada.

As pessoas devem inspirar amor, em vez de comiseração.

Desse modo, a única alternativa de significado na existência é a conquista do amor.

Se experimentas solidão no teu dia a dia, faze uma análise cuidadosa da tua conduta em relação ao teu próximo, procurando entender o porquê da situação.

Sê sincero contigo mesmo, realizando um exame de consciência a respeito da maneira como te comportas com os amigos, com aqueles que se te acercam e tentam convivência fraternal contigo.

Se és do tipo que espera perfeição nos outros, é natural que estejas sempre decepcionado, ao constatares as dificuldades alheias, olvidando, porém, que também és assim.

Se esperas que os outros sejam generosos e fiéis no relacionamento para contigo, estuda as tuas reações e comportamentos diante deles.

Os teus conflitos procedem de muitas ocorrências desta como de outras existências, que ficaram assinaladas por equívocos e malversações dos sentimentos de nobreza.

Todos conduzem marcas dolorosas de comportamentos doentios que se instalaram no inconsciente profundo e ressurgem imperiosos, exigindo reparação. Insegurança, instabilidade, solidão, desconfiança e tormentos interiores fazem parte da agenda de reequilíbrio a que te deves ajustar, a fim de avançares saudável no rumo da felicidade.

Outros, no entanto, procedem desta existência, quando as circunstâncias no lar te impuseram a família difícil, os pais arbitrários, os amigos descuidados, o desinteresse quase generalizado pelas tuas diversas necessidades, que tiveste de ocultar, transformando-as em refúgios conflitivos.

A bênção da vida é o ensejo edificante de refazimento de experiências e de conquistas de patamares mais elevados, algumas vezes com sacrifício...

Não te atormentes, portanto, se escasseiam nas paisagens dos teus sentimentos as compensações do afeto e da amizade.

Observa em derredor e verás outros corações em carência, à tua semelhança, que necessitam de oportunidade afetiva, de bondade fraternal.

Exercita com eles o intercâmbio fraterno, sem exigências, não lhes transferindo as inseguranças e fragilidades que te sejam habituais.

É muito fácil desenvolver o sentimento de solidariedade, de companheirismo, bastando que ofereças com naturalidade aquilo que gostarias de receber.

A princípio, apresenta-se um tanto embaraçoso ou desconcertante, mas o poder da bondade é tão grande, que logo se fazem superados os aparentes obstáculos, à semelhança de débil planta que rompe o solo grosseiro atraída pela luz, desenvolve-se e torna-se produtiva conforme a sua espécie...

Não recues ante a necessidade da experiência de edificação do bem em tua existência.

Porque desconheces a complexidade dos comportamentos nas existências de outras pessoas, supões que toda a carga de aflições está somente sobre os teus ombros.

Observa com cuidado e verás a multidão aturdida, agressiva, estremunhada, que te parece antipática e infeliz. Em realidade, é constituída de pessoas como tu mesmo, fugindo para lugar nenhum, sem coragem para o autoenfrentamento.

Contribui, jovialmente, quanto e como possas, para atenuar algum infortúnio ou diminuir qualquer tipo de sofrimento que registres.

Esse comportamento te facultará muito bem e, quando menos esperes, estarás enriquecido pela afetividade que doas e pela alegria em fazê-lo.

Ninguém pode viver com alegria sem experienciar a afetividade.

A afetividade é mensagem do Amor de Deus, estimulando as vidas ao crescimento e à sublimação.

A afetividade deve ser distendida a todos os seres sencientes, o que equivale a dizer, aos vegetais, animais, seres humanos, ampliando-a por toda a Natureza.

Quando se ama, instalam-se a beleza e a alegria de viver.

A saúde integral, sem dúvida, é defluente da harmonia do sentimento pelo amor com as conquistas culturais que levam à realização pessoal, trabalhando pelo equilíbrio e funcionamento existencial.

33

AFETIVIDADE DOENTIA[35]

Quando o amor enfloresce o coração, a vida se enriquece de beleza e de liberdade, porque adquire sentido e significado.

Ninguém pode viver sem esse tônico de sustentação da existência. Ao fazer-se escasso, empalidecem os objetivos existenciais e fenecem os estímulos para prosseguir na jornada.

No entanto, na fase mais primária do sentimento, o amor se expressa em forma de instinto que predomina em a natureza humana. Logo depois, transforma-se em emoção que faculta alegria e proporciona paz. Mais tarde, sublimando-se, torna-se fonte de vitalidade, por espraiar-se sem limite, abrangendo, a princípio, a humanidade, depois todos os seres sencientes e, por fim, também a Natureza.

Porque promana de Deus, o Seu é um toque mágico no coração, impulsionando à harmonia e à conquista dos valores eternos.

Muitas vezes, no entanto, nas suas manifestações mais primevas, é portador do instinto de posse que domina o indivíduo, procurando escravizar aos seus caprichos e necessidades aquele a quem pensa amar, tornando-se, dessa forma, uma afetividade doentia, que se faz responsável por transtornos de conduta muito lamentável.

---

35. FRANCO, Divaldo; ÂNGELIS, Joanna de [Espírito]. *Nascente de bênçãos*. 2ª ed. Salvador: LEAL, 2001, cap. 20.

Nesse estado, infelicita ao invés de propiciar bênçãos, as horas se tornam sombrias e cheias de expectativas dolorosas por vivenciar desconfiança e incertezas, entornando fel na taça da convivência que se faz cada vez mais difícil.

Noutros casos, a carga da afetividade se manifesta saturada de desejos sexuais, disfarçados ou não, que abrasam a emoção e a atormentam de maneira insuportável.

As experiências resultantes dos relacionamentos íntimos não são compensadoras, porque as ansiedades e caprichos torturadores mesclam-se com os anseios do sentimento, resultando frustrantes.

A mente permanece fixa no ser ambicionado, dando lugar a fascinações que desequilibram, transformando o tempo de convivência em intérmina e sôfrega busca pela compensação sexual, sem troca de ternura ou de energias saudáveis que procedem dos pensamentos enobrecidos.

Nesse comenos, quando satisfeitos ou saciados os fortes impulsos carnais, o ciúme urde tramas de desespero, que se consubstanciam em enrodilhados de armadilhas, na busca de motivos para confirmar suspeitas injustificáveis que se tornam cada vez mais fortes até o desequilíbrio total.

Aquele que é vítima de outrem em circunstâncias dessa natureza, vê-se coagido e perseguido de tal forma, que se deixa tomar de cólera e ânsia pela libertação a qualquer preço.

Nesses casos, são fortalecidos os elos do ódio, que passa a consumir o comportamento, até quando se materializa em hediondo crime por um ou outro provocado.

Quando a energia sexual de alguém passa a ser explorada pelas mentes doentias, transforma-se em motivo de alucinação que faculta vampirizações espirituais que terminam por exaurir a fonte geradora...

Vigia as nascentes da tua afetividade, a fim de não te transformares em agente de perturbação de outrem, nem dilacerares os sentimentos daquele ser a quem pensas amar.

Amor e sexualidade: a conquista da alma

Aprofunda a análise em torno da maneira como te afeiçoas e das exigências que fazes, verificando se se trata de um sentimento dignificante ou somente de um apelo sexual.

Evita, por outro lado, experiências de relacionamentos rápidos ou mercantilizados, porque nunca sabes quem é a outra pessoa ou a sua condição emocional, os seus tormentos pessoais. Muitas vinculações obsessivas entre encarnados têm início quando o sexo predomina no comportamento e falsas necessidades assomam, exigindo variações e diferentes conquistas.

O sexo é departamento da tua organização física com finalidade específica para a emoção, para a reprodução e não meio único de que te deves utilizar para uma existência de prazeres consumidores.

Disciplina o pensamento, coibindo os apelos degenerados do erotismo em voga, e afeiçoa-te ao amor de maneira que tenhas calma e júbilo em relação à tua afetividade.

Ama sempre libertando, sem impor teus conflitos e anseios exorbitantes, a fim de que a tua presença seja desejada e a tua ausência percebida.

Quando alguém se impõe a outrem, sabe-se de forma desagradável que lhe está ao lado, e quando aí não se encontra, é notado pelo bem-estar que proporciona.

Mantém convivência agradável e enobrecida com a pessoa amada, tornando-te fonte de inspiração e de prazer, sem cobranças nem fiscalização.

Quando se é fiel, não se necessita prová-lo através dos mecanismos sombrios da insegurança. E quando não se é, muito dificilmente poderá ocultá-lo. Vigiá-lo é uma atitude mais afligente do que calmante, porque estimula o leviano a condutas mais sórdidas, deteriorando a convivência.

O amor sempre faz bem, e quando isso não acontece, algo se encontra errado, necessitando de revisão e mudança de rumo.

Não esperes ser correspondido na tua afeição conforme os teus padrões, porquanto cada pessoa tem uma forma de ser e uma constituição emocional muito especial, não podendo ser encaixada nos sistemas e medidas estabelecidos por outrem.

Ama com sinceridade, e, se não fores correspondido, recorda-te que és tu quem amas e não aquele ser a quem direcionas as tuas aspirações. Por mais gentil que seja o outro, ele não tem obrigação de te amar, porque as suas nascentes afetivas devem estar vinculadas a outra pessoa, com quem sintoniza e vibra na mesma dimensão.

O fato de amares dar-te-á satisfações inesperadas e forças para viver, demonstrando que és humano e marchas na direção de nível mais elevado, abandonando, embora lentamente, a fase do primarismo.

As afetividades doentias multiplicam-se desordenadamente no convívio da sociedade desatenta em relação aos valores ético-morais.

Paixões nascem e se desfazem a golpes de publicidade escandalosa, consumindo vidas e esfacelando sentimentos que são atirados aos desvãos sombrios das drogas e do álcool, quando não derrapam literalmente para a loucura, o suicídio...

Vive-se o momento do erotismo e do prazer enfermiço.

Sê tu quem ama e quem canta o amor em atos formosos, propiciadores de alegria e de paz.

Preserva o ser amado envolto em ondas de ternura e de amizade, a fim de que nenhum desequilíbrio tisne a limpidez da tua afetividade.

Basileia, Suíça, 31 de maio de 2001.

34

AFETIVIDADE CONTURBADA[36]

A psicologia da afetividade é portadora de muitas complexidades. O ser humano tem como uma das metas fundamentais da existência a conquista e a vivência do amor. Nada obstante, o sentimento de amor brota suavemente como o desabrochar de um botão de flor que aromatiza e oferece beleza na haste onde se encontra.

Deve ser cultivado com ternura e encantamento, sem perder o rumo da plenitude.

É uma emoção que se deriva do instinto de preservação da vida, dilui o medo, elimina a violência e esparze tranquilidade.

É também manifestação grandiosa do estágio de humanidade alcançado pelo desenvolvimento antropossociológico do ser.

Possui o mister de emoldurar a personalidade e uni-la à individualidade sem qualquer necessidade de artifício, faculta imensa alegria de viver e de participar do grupo social.

Infelizmente, os impulsos do primarismo da evolução, que ainda permanecem em predominância, propõem ao *ego* e à sua *sombra* o desejo de domínio sobre o ser amado e, não poucas vezes, asfixia o

---

36. FRANCO, Divaldo; ÂNGELIS, Joanna de [Espírito]. *Rejubila-te em Deus*. 1ª ed. Salvador: LEAL, 2013, cap. 23.

sentimento, que emurchece, transforma-se em capricho ou paixão dos sentidos.

Decorrente, algumas vezes, dos impulsos da libido, fixa-se apenas no interesse imediatista do prazer, sem os compromissos da abnegação, do companheirismo, da amizade e da ternura.

Ao confundir-se com os impulsos sexuais, de que se é portador, a afetividade apresenta-se em cada indivíduo conforme os *seus conteúdos psíquicos* de posse, de domínio, assim como as tumultuadas emoções ainda na fase primária.

Igualmente se expressa mediante os estágios de elevação moral e riqueza espiritual que exornam o *Self.*

À medida que o Espírito progride no corpo, as sensações mais fortes da matéria se transformam em emoções de delicadeza, de generosidade, de doação, de afeição.

Nessa fase, a afetividade sobrepõe-se ao sexo, às aparências da beleza ou da inteligência, da arte ou de quaisquer outros valores que caracterizam as demais criaturas.

Por isso, pode-se compará-la, numa analogia singela, a um círculo onde ocupa o centro, de cujo fulcro partem raios na direção da periferia, formam angulações específicas que se podem traduzir, como fraternal, maternal, paternal, filial, sexual, com amplificações ao sacrifício, à renúncia, ao holocausto, forma um conjunto complexo que a define em profundidade.

Quando há predominância de apenas uma parte, ainda não alcançou o objetivo essencial, inicia-se, porém, o processo que irá exigir o amadurecimento psicológico para expandir-se noutras direções.

Ao permanecer dentro desse raio limitante, faz-se paixão que se pode converter em transtorno, dando lugar a sofrimentos desnecessários, tanto naquele que o experimenta, assim como no outro a quem é dirigido.

O cárcere da afetividade tumultuada tem dimensões colossais na sociedade terrestre e responde por muitos crimes e alucinações, desvios das rotas do dever e da saúde.

❖

Amor e sexualidade: a conquista da alma

Inúmeras síndromes de transtornos emocionais, psiquiátricos e orgânicos são resultados da afetividade conturbada.

Herança de existências transatas ou de conflitos na atual, reponta como tormentos que aturdem o indivíduo que busca mecanismos de fugas psicológicas com medo do enfrentamento com a realidade do ser carente e angustiado que é.

Dominado, não poucas vezes, por complexos de inferioridade ou de narcisismo, crucificado na culpa consciente ou não, resultante de comportamentos aviltantes, assume composturas estranhas e exóticas, agride a sociedade com as máscaras que chamam a atenção para a aparência, ao esconder o mundo interno de sofrimento e dor que o trucidam.

Muitos buscam na cultura física a sua autorrealização, evitam comprometimentos mais profundos por medo dos desfechos infelizes ou da incapacidade de mantê-los por largos períodos.

Vivem a superficialidade das sensações, esses indivíduos, refugiam-se nas buscas dos campeonatos da competição de qualquer natureza, mediante os quais dão vazão aos seus temores, sem que encontrem as legítimas compensações que preencham o seu vazio existencial.

Provocam inveja porque não sabem despertar amor.

Evitam relacionamentos sérios, por sentirem-se incapazes para assumir o lado bom da existência que ainda permanece quase intocado...

Tornam-se agressivos ou isolados, mantêm o semblante cerrado, como que para intimidar, já que temem ser descobertos na fragilidade emocional e na ansiedade de encontrar afetos que os possam asserenar.

Quando mais fragilizados, optam egoisticamente pelo prazer individual, e entregam-se aos vícios das drogas de diferentes matizes, fingem felicidade entre esgares e medos crescentes...

...Apesar disso, é muito mais fácil experienciar o amor do que fugir dele!

Nunca temas a afetividade saudável e desinteressada de compensações prazerosas imediatas.

Planta-a em tua volta, começa pelo autoamor, pelo autorrespeito, considera a preciosidade deste momento em tua jornada, e verás, a pouco e pouco, germinar sorrisos de simpatia, abraços de fraternidade, oferta de carícias...

Enquanto te escuses, permanecerás em conflitos atrozes, mas a partir do momento em que consideres que a existência terrena tem a grande finalidade de amar, logo se descerrarão as cortinas que impedem a claridade do sol da alegria e tudo mudará de aparência, assim como de significado psicológico.

Não esperes milagres da afetividade sem que te faças receptivo e doador.

A avareza em qualquer situação é sempre uma conduta perversa.

Se desejas receber, mas temes retribuir, certamente ficarás crestado na dureza dos sentimentos doentios.

Não elejas especificamente uns em detrimento de outros indivíduos.

Começa a amar todos que se te acerquem, especialmente aqueles que mais te sensibilizem, sem exigires nada em retribuição, e ficarás rico de harmonia interior.

A afetividade é presença de Deus na existência humana.

Se está adormecida em teu mundo interno e ainda não a experimentas, aquece-a com a ternura, agradecendo à Vida a oportunidade de viver no corpo, de auxiliar os caminhantes cansados que seguem pela mesma senda, receptivo às ondas de amizade que vibram em a Natureza.

Acostuma-te a manter a esperança de felicidade, e estarás amando desde já, sem dar-te conta, porque o amor é a alma de todas as coisas e de todos os seres.

35

TENTAÇÕES AFETIVAS[37]

Esta sede insaciável de prazer renovado leva-te ao desequilíbrio. Essa busca irrefreável de afeto que te plenifique, conduz-te ao abismo da loucura.

Tal ansiedade por encontrar quem te compreenda e apoie, oferecendo-te segurança integral, empurra-te para o precipício dos vícios dissolventes.

A pressa em encontrar quem esteja disposto a doar-te ternura afasta os corações que pretendem ajudar-te, porque, em faixa afetiva diferente, eles se te afeiçoam em espírito, enquanto vibras outra forma de necessidade.

A insatisfação, em face do muito que desfrutas, gera em ti distúrbio lamentável de comportamento, que ameaça a tua vida.

Aquilo que falta a qualquer pessoa é resultado do seu mau uso em oportunidade transata.

Carência de hoje foi desperdício de ontem.

Ninguém há, que se encontre na Terra, completo e realizado.

Na área da afetividade, a cada momento defrontamos amores eternos que depois se convertem em pesadelos de ódio e crime.

---

37. FRANCO, Divaldo; ÂNGELIS, Joanna de [Espírito]. *Vigilância*. 3ª ed. Salvador: LEAL, 2018, cap. 9.

Muitas promessas "para toda a vida", às vezes, duram uma emoção desgastante e frustradora.

Sorrisos e abraços, júbilos infindos de um momento, tornam-se, sem motivo aparente, carantonhas de rancor, agressões violentas e amarguras sem-nome.

❖

Tudo, no mundo corporal, é transitório, forma de aprendizagem para vivências duradouras, posteriormente.

Assim, evita sonhar, acalentando esperanças absurdas nas quais pretendes submeter os outros aos teus caprichos pessoais, que também passarão com rapidez.

O que agora te parece importante, mais tarde estará em condição secundária.

Ontem aspiraste determinada conquista que, lograda, hoje não te diz mais nada.

❖

Se desejas o amor de plenitude, canaliza as tuas forças para a caridade, transformando as tuas ansiedades em bem-estar noutros, muitos mais necessitados do que tu.

Não desvies a tônica da tua afetividade, colocando sentimentos imediatistas que te deixarão ressaibos de desgostos e travos de fel.

A outra, a pessoa que, por enquanto, consideras perfeita e capaz de completar-te, é tão necessitada quanto o és tu.

Na ilusão, adornas-lhe o caráter, para descobrir, mais tarde, o ledo engano.

Conserva puro o teu afeto em relação ao próximo e não te facultes sonhos e fantasias.

❖

Aquilo que mereces e de que necessitas chegará no seu momento próprio.

Reencarnaste para aprender e preparar o futuro, não para fruir e viver em felicidade que ainda não podes desfrutar.

Amor e sexualidade: a conquista da alma

Cuidado, portanto, com as aspirações-tentações que se podem converter em sombras na mente e em sofrimentos incontáveis para o coração.

Afirmou Jesus *"que os Seus discípulos seriam conhecidos por muito se amarem"*, sem que convertessem esse sentimento-luz em grilhão-treva de paixão.

36

Em soledade[38]

A tua não é uma soledade única.
A Terra se encontra repleta de pessoas que, por uma ou outra razão, foram conduzidas à solidão.

Este fugiu do mundo, receando agressão, marcado por dores íntimas que o acompanham desde a infância.

Esse se afastou do convívio social por haver sofrido o que considera uma injustiça.

Aquele se deixou cair na depressão e buscou o seu mundo íntimo, onde se refugia, cerrando a porta à solidariedade.

Este outro, temendo não ter forças para resistir ao contato com as pessoas, transferiu-se para as montanhas e praias da meditação, afastando-se de todos.

Mais alguém, cansado da batalha diária, renunciou ao movimento geral e aquietou-se, quase se alienando.

---

38. FRANCO, Divaldo; ÂNGELIS, Joanna de [Espírito]. *Momentos de alegria*. 4ª ed. Salvador: LEAL, 2014, cap. 10.

A tua soledade, porém, é feita de amargura, porque, no meio dos indivíduos felizes e atraentes, ninguém tem tempo para ti, nem despertas a amizade ou o interesse de outrem.

Esta situação afligente é causa de martírio. No entanto, reconsidera a situação e acerca-te do teu próximo.

Ele talvez se encontre em estado equivalente ao teu.

Não é feliz, apenas parece.

Faz ruído para dissimular o que se passa no íntimo.

Chama a atenção por necessidade e, preocupado com os próprios problemas, não dispõe de capacidade mental e emocional para identificar os teus.

Acerca-te dele, com discrição e bondade, constatando que doar afeto resulta em recebê-lo.

Toda oferta espontânea se transforma em intercâmbio, no qual cada um reparte um pouco daquilo de que dispõe.

Mesmo que o vazio interior permaneça, preenche-o de ação positiva pelo teu próximo, dando-te conta de que o bem que lhe propicias e que gostarias de receber já se encontra em ti.

A estrada de todos aqueles que buscam a Verdade é caracterizada pelo silêncio, pela soledade.

Gandhi, que a milhões de vidas beneficiou, na soledade interior construiu as resistências morais para doar com alegria a existência à Causa abraçada.

Teresa de Ávila, fascinada pela fé e malvista no monastério, seguiu sozinha até o pleno encontro com Jesus.

Pasteur, ridicularizado pela presunção dos falsamente doutos, insistiu nas suas pesquisas até oferecer à Humanidade a demonstração das suas descobertas.

Os ocupados com a busca do bem não dispõem de tempo para repartir com os ociosos, os saciados, os gozadores.

Amor e sexualidade: a conquista da alma

Libera-te das ataduras da autocompaixão, renova-te e avança no rumo dos objetivos elevados, em soledade talvez, porém, ao encontro de Jesus Cristo que, da solidão da montanha onde se refugiava, após haurir forças com o Pai, descia à turbamulta para ajudá-la a que ascendesse, superando os obstáculos que criava, fruindo da liberdade que Ele oferecia.

Em soledade, porém, com Ele, alçarás voo ao país da alegria, onde comungarás com todos aqueles que te precederam na conquista da Luz.

37

Carma de solidão[39]

Caminhas, na Terra, experimentando carência afetiva e aflição, que acreditas não ter como superar.

Sorris, e tens a impressão de que é um esgar que te sulca a face.

Anelas por afetos e constatas que a ninguém inspiras amor, atormentando-te, não poucas vezes, e resvalando na melancolia injustificável.

Planejas a felicidade e lutas por consegui-la, todavia, descobres-te a sós, carpindo rude angústia interior.

Gostarias de um lar em festa, abençoado por filhos ditosos e um amor dedicado que te coroassem a existência com os louros da felicidade.

---
39. FRANCO, Divaldo; ÂNGELIS, Joanna de [Espírito]. *Viver e amar*. 5ª ed. Salvador: LEAL, 2018, cap. 13.

Sofres e consideras-te desditoso.

Ignoras, no entanto, o que se passa com os outros, aqueles que se te apresentam felizes, que desfilam nos carros do aparente triunfo, sorridentes e engalanados.

Também eles experimentam necessidades urgentes, em outras áreas, não menos afligentes que as tuas.

Se os pudesses auscultar, perceberias como te invejam alguns daqueles cuja felicidade cobiças...

A vida, na Terra, é feita de muitos paradoxos. E isto se dá em razão de ser um planeta de provações, de experiências reeducativas, de expiações redentoras.

Assim, não desfaleças, porquanto este é o teu carma de solidão.

Faze, desse modo, uma pausa nas tuas considerações pessimistas e muda de atitude mental, reintegrando-te na ação do bem.

O que ora te falta, malbarataste.

Perdeste, porque descuraste enquanto possuías, o de que agora tens necessidade.

A invigilância levou-te ao abuso, e delinquiste contra o amor.

A tua consciência espiritual sabe que necessitas de expungir e de reparar, o que te leva, nas vezes em que o júbilo te visita, a retornar à tristeza, rememorar sofrimentos, fugindo para a tua solidão...

Além disso, é muito provável que, aqueles a quem magoaste, não se havendo recuperado, busquem-te, psiquicamente, assim te afligindo.

Reage com otimismo à situação e enriquece-te de propósitos superiores, que deves pôr em execução.

Ama, sem aguardar resposta.

Serve, sem pensar em recompensa.

O que ora faças no bem atenuará, liberará o que realizaste equivocadamente e, assim, reencontrar-te-ás com o amor, em nome d'Aquele que permanece até agora entre nós como o Amor não amado, porém, amoroso de sempre.

38

A FORÇA DO AMOR[40]

Narra-se que, em uma carta dirigida à sua filha, o gênio admirável Albert Einstein teve a coragem de declarar que a *maior força do Universo é o amor.* Considerou as quatro básicas conhecidas: a gravidade, a eletricidade, a quântica forte e a quântica fraca, sobrepondo o amor, que transcende qualquer expressão de outra ordem, como o quinto e mais vigoroso elemento responsável pelo equilíbrio cósmico.

Referiu-se ainda que, ao apresentar a primeira teoria da relatividade do tempo e do espaço, sofreu zombaria e menosprezo de outros cientistas, e tinha certeza de que, novamente, se voltariam, os adversários do progresso, a criticá-lo e desconsiderá-lo, em razão do conceito então apresentado, o amor na sua grandeza real.

Numa reflexão mais profunda, em face dessa declaração, percebe-se que o amor pode ser considerado como a *alma da vida*, levando-se em consideração que é a expressão mais vigorosa do Criador.

Na raiz dos grandes feitos da Humanidade, o amor encontra-se como causa essencial. Todas as lutas e incertezas experimentadas durante a execução da obra tornam-se possíveis por causa dessa energia

---

40. FRANCO, Divaldo; ÂNGELIS, Joanna de [Espírito]. *Luz nas trevas*. 1ª ed. Salvador: LEAL, 2018, cap. 20.

poderosa que se encontra em toda parte, exteriorizada do Autor do Cosmo.

As mais eloquentes realizações do mundo, que exigiram sacrifícios inomináveis, batalhas intérminas, longas discussões que superaram os interesses políticos, sociais e econômicos, tornaram-se vitoriosas por causa do sentimento de amor que revigorava os seus idealistas incansáveis, que perseveraram estoicamente até o fim.

Pode-se dizer que o amor é a força aglutinadora das moléculas na formação de todos os elementos existentes, particularmente ricas de vitalidade.

Causa universal da vida, ei-lo manifestando-se nos seres humanos como afetividade, unindo-os e trabalhando a glória da inteligência e da razão, assim como da comunhão de ideais que vêm tornando a cultura e a civilização melhores.

Quando o amor surgiu no homem e na mulher, em período recuado, coroando os elementos dos instintos primários e fortes, iniciou-se a era da felicidade no planeta terrestre.

Anteriormente, as manifestações dos instintos – primórdios das emoções – gravitavam mais no automatismo das ações sem os correspondentes efeitos das transformações edificantes das existências.

Os progressos da Humanidade, a sua lenta saída da treva para a luz operaram-se e vêm-se realizando graças à presença do amor, que se transforma em energia vigorosa para auxiliar a construir os ideais de enobrecimento e de libertação da ignorância na marcha inexorável para o infinito.

Quando o amor irriga a alma com a sua ternura e seu encantamento, a debilidade fortalece-se e os sentimentos logram a modificação da aspereza da sua manifestação, dando lugar à doçura, à afabilidade, à beleza e ao carinho.

Mede-se a grandeza de um povo pelas expressões de amor e sacrifício que são vivenciados.

Cristóvão Colombo, amando a navegação e sonhando com terras que estavam a oeste – lembrança que trazia de reencarnações an-

Amor e sexualidade: a conquista da alma

teriores, arquivada no perispírito –, superando todas as dificuldades e impedimentos que lhe eram impostos, "descobriu" a América.

Francisco de Assis, tornando-se um ícone de Jesus, ultrapassou todos os obstáculos imagináveis, dominado pelo amor e transformado em verdadeiro símbolo de renúncia e abnegação, mudou os padrões da Igreja de Roma e alterou o pensamento vigente em torno do Evangelho.

Na coragem, a jovem Joanna d'Arc abandonou a sua modesta aldeia, convocada pelas vozes, e conseguiu libertar a França da dominação inglesa, embora pagando com a vida a grandiosa revolução do amor de que lhe falaram as vozes imortais.

Em todos os fenômenos históricos da Humanidade encontramos o amor multiface na condição de combustível para nutrir a chama dos ideais.

O martírio cristão foi fruto do sublime amor de Jesus, logrando modificar a história da sociedade terrestre...

Cientistas de escol, preocupados com os problemas afligentes do seu tempo – enfermidades, atraso moral, crueldade, ignorância –, não trepidaram em superar as perseguições de que foram vítimas e alargaram os horizontes do mundo, tais como Nicolau Copérnico, Galileu, Pasteur, Röntgen, o mesmo ocorrendo com artistas que trouxeram a beleza no coração para adornar o mundo e padeceram injunções perversas, reconhecidos somente muito mais tarde.

Todas as descobertas conseguidas durante os milênios de cultura, de ética e de civilização foram resultado do amor daqueles que se imolaram nos ideais, sem importar-se com a maldade dominante e a crueldade nefasta.

Dante Alighieri alcançou as Altas esferas espirituais graças ao seu amor platônico a Beatriz, e deixou consignada a grandeza da bela jovem na obra imortal *A Divina Comédia,* quando foi levado ao Céu pelas mãos gentis da inolvidável musa.

A tragédia de Romeu e Julieta resulta da estruturação do amor dos dois jovens inexperientes atormentados pelos familiares que se odiavam, ficando um legado de renúncia e de tragédia pelo amor incompreendido.

O amor tudo pode.

Modifica vidas, transforma pigmeus em gigantes, eleva ao paraíso aqueles que se afogam no lamaçal.

Maria de Madalena é o exemplo mais eloquente desse poder de soerguimento moral sob a força indômita do amor.

Nunca temas amar, entregar-te às suas diretrizes, vitalizar-te com a sua sublime energia.

Jesus refere-se ao amor com doce enlevo e vive-o em todas as suas expressões.

Experimenta amar.

Desarma-te das precauções afetivas, anula na mente os insucessos vividos, esquece as angústias e a ingratidão, e deixa que o amor te dê vida.

Verás como a felicidade te enriquecerá de alegria e vontade de navegar no oceano universal do amor, para amares também.

39

CONVITE AO AMOR[41]

"Um novo mandamento vos dou:
que vos ameis uns aos outros."
João, 13:34.

O amor é o estágio mais elevado do sentimento.

O homem somente atinge a plenitude quando ama. Enquanto anseia e busca ser amado, foge à responsabilidade de amar e padece infância emocional.

No contexto social da atualidade hodierna, todavia, a expressão *amor* sofre a desvalorização do seu significado para experimentar a decomposição do tormento sexual, que não passa de instinto em desgoverno.

Sem dúvida, o sexo amparado pelo amor caracteriza a superioridade do ser, facultando-lhe harmonia íntima e perfeito intercâmbio de vibrações e hormônios a benefício da existência.

Sexo sem amor, porém, representa regressão da inteligência às forças primeiras do desejo infrene, com o comprometimento das aspirações elevadas em detrimento de si mesmo e dos outros.

Por essa razão, vige em todos os departamentos do Cosmo a mensagem do amor.

Na perfeita identificação das almas o amor produz a bênção da felicidade em regime de paz.

---

41. FRANCO, Divaldo; ÂNGELIS, Joanna de [Espírito]. *Convites da vida*. 1ª ed. Salvador: LEAL, 1972, cap. 2.

Nem sempre, porém, se encontrará no ser amado a recíproca. Importa, o que é essencial, amar, sem solicitação.

De todos os construtores do pensamento universal, o amor recebeu a contribuição valiosa de urgência. Isto porque Deus, Nosso Pai, é a mais alta manifestação do Amor.

E Jesus, padronizando as necessidades humanas quanto as solucionando, sintetizou-as no amor, como única diretriz segura por meio da qual se pode lograr a meta que todos perseguimos nas sucessivas existências.

Se, todavia, sentes aridez íntima e sombras carregadas de desencantos obnubilam as tuas aspirações, inicia o exercício do amor, entre os que sofrem, através da gentileza, passando do estágio da amizade. Descobrirás, depois, a realidade do amor em blandícia de tranquilidade no país do teu espírito.

Se por acaso o céu dos teus sorrisos está com as estrelas da alegria apagadas, ama assim mesmo, e clarificarás outros corações que jazem em noites mais sombrias, percebendo que todo aquele que irradia luz e calor aquece-se e ilumina-se, permanecendo feliz em qualquer circunstância.

Haja, pois, o que haja, ama.

Em plena cruz, não obstante o desprezo e a traição, o azorrague e a dor total, Jesus prosseguiu amando e, até hoje, fiel ao postulado que elaborou como base do Seu ministério, continua amando-nos sem cansaço.

40

ENCONTRO COM O AMOR[42]

Na sociedade contemporânea, conforme sucedeu na passada, o amor é um fenômeno emocional, que só raramente se expressa. Pelo menos, o amor na sua profunda significação. Há variadas colocações para o amor que não passam de sentimentos confusos e buscas atormentadas, não significando ser a real conquista da evolução do indivíduo.

A palavra tem sido utilizada para mascarar estados íntimos desequilibrados e, não poucas vezes, para ocultar objetivos escusos.

Certamente existe o amor dos pais pelos filhos e destes por aqueles; o amor dos cônjuges e da família; da participação nas atividades solidárias; à ciência, à arte, ao desporto, à fé... No entanto, na maioria das vezes, o fenômeno do amor é atormentado, esvaziado, assinalado por altibaixos, sem a profundidade necessária para resistir aos vendavais dos acontecimentos humanos.

Ocorre que, num contexto de pessoas solitárias, conformistas ou rebeldes, há um receio injustificado de amar, a fim de cada uma poupar-se aos problemas do envolvimento afetivo que sempre se apresenta nesses relacionamentos.

---

42. FRANCO, Divaldo; ÂNGELIS, Joanna de [Espírito]. *Momentos de iluminação*. 4ª ed. Salvador: LEAL, 2014, cap. 16.

Com a predominância do egoísmo, todos pretendem ser amados, não, porém, dispondo-se a amar, apesar das queixas em torno da questão.

Diversos sentimentos e interesses se apresentam na química moderna do amor, que se expressa sem os conteúdos reais da sua manifestação.

Normalmente, o amor é confundido com os impulsos sexuais, raramente amadurecidos e quase nunca portadores de objetivos construtivos. Torna-se uma mistura de interesses vulgares, com predomínio da busca das sensações a prejuízo das emoções enobrecidas.

Imprescindível, portanto, não confundir estas manifestações, dando-lhes as denominações correspondentes, que nada têm a ver com o amor.

O amor é um sentimento que brota espontâneo e deve ser cultivado, a fim de que se desenvolva, realizando o mister a que se destina.

Floresce através de ações benéficas, capazes de gerar alegria, bem-estar e progresso.

É altruísta sem alardear suas metas, impregnando todos aos quais se dirige.

Se não se deriva dos sentimentos profundos da alma, gera hostilidade, irritando-se facilmente e malogrando nas suas manifestações.

Quando o amor se exterioriza do coração, produz um encantamento em relação à pessoa querida, com altas doses de empatia responsável pelos sentimentos de doação, de sacrifício, de beleza.

É autoperceptivo, afirmando as suas mais belas possibilidades.

Libera o ser amado, que se movimenta sob estímulos enobrecedores, não exigindo servidão, antes impulsionando o outro ao crescimento emocional, moral e espiritual.

Não permite a dependência, que se torna um mecanismo de apoio, jamais uma forma de realização plenificadora.

Amor e sexualidade: a conquista da alma

A Humanidade registra a abnegação de homens e mulheres notáveis, cujas vidas, iluminadas pelo amor, tornaram-se exemplos edificantes, inolvidáveis.

Assim, aprende, também, a amar.

Deixa que o sentimento da amizade se irise de ternura e cresça em forma de amor. Com ele, tranquiliza-te, permitindo que a alegria do encontro te constitua emulação para o prosseguimento.

Quem experimenta o amor, nunca mais é o mesmo.

Constatarás que o amor é a meta que deves alcançar, entregando-te à sua realização, cada vez mais fácil e atraente, felicitando-te e à Humanidade em cujo contexto te encontras.

41

SEMPRE O AMOR[43]

O único ser animal capaz de amar é o humano.
Dotado de inteligência e de consciência, o amor é-lhe subli-me herança que jaz em seu íntimo, aguardando o momento de exteriorizar-se em plenitude.

Inicia-se em forma egoica, quando se volta exclusivamente para si mesmo, com olvido emocional dos outros.

Lentamente, porém, as necessidades de relacionamento e os impulsos gregários estimulam os centros adormecidos da afetividade, que começa a desabrochar, ensejando as manifestações apaixonadas, em face do estágio em que o Espírito ainda transita, para logo passar aos sentimentos de fraternidade, de compaixão, de ternura, alcançando o seu nobre patamar.

Em razão do largo trânsito nas faixas primárias, por onde se demorou, só a pouco e pouco se liberta dos atavismos animais, da predominância da força bruta e do desejo de supremacia em relação ao seu próximo.

Como todos se encontram fadados ao bem, é inevitável que o amor se lhes transforme na mais bela didática para esse cometimento.

---

43. FRANCO, Divaldo; ÂNGELIS, Joanna de [Espírito]. *Jesus e vida*. 2ª ed. Salvador: LEAL, 2016, cap. 17.

Ainda incompreendido, permanece, na atualidade, confundido com erotismo e interesses mesquinhos, avançando para a conquista de um diferente entendimento em torno das funções da existência terrestre e da vida em si mesma.

Cantado e exposto com exaltação, o seu sentido profundo nem sempre é captado por aqueles que o exaltam, mais estimulados pelos apetites da libido, do que mesmo atraídos pelas suas dúlcidas expressões.

O amor, entretanto, é a mais eficiente lição para o autoencontro, para a autorrealização, para a construção da sociedade mais feliz e mais pacífica.

Muitos conflitos que aturdem os indivíduos, dando lugar a lutas fratricidas, a competições desastrosas, a nacionalismos exagerados, que derrapam em atos de perverso terrorismo, são atribuídos ao amor, porém, na sua feição doentia e sangrenta, quando na condição de comportamento bárbaro procedente de épocas mui recuadas...

O amor sempre compreende, mantendo um sentimento de paciência e de compaixão que faculta equacionar todas as dificuldades que surgem pelo caminho da sua manifestação. Quando isso não ocorre, em realidade, ele está ausente, apresentando-se substitutos que se disfarçam com as suas características, sem conseguirem ocultar a sua realidade.

O amor promana de Deus, que é a Fonte Inexaurível; portanto, expressa-se sempre com bondade e misericórdia, gentileza e auxílio, até culminar na expressão máxima da caridade.

Os arremedos precipitados, em seu nome, podem ser considerados como tentativas não exitosas de vivenciá-lo, faltando a indispensável maturidade emocional para senti-lo.

O amor é como uma chama harmoniosa que ilumina em derredor; no entanto, para manter-se pleno, necessita do combustível do entendimento humano.

Por ser íntimo e pessoal, a sua mensagem de luz não dá lugar a sombras, já que se expande em todos os sentidos, a tudo e a todos envolvendo.

❖

Amor e sexualidade: a conquista da alma

A pretexto algum recuses o amor.

Não permaneças cerrado à sua voz.

Abre-te à sua mensagem, tornando-te dúctil ao seu conteúdo.

Evita considerar-te destituído de valores que possam despertar o sentimento do amor.

Para tanto, passa a amar.

Não tenhas pressa em colher os frutos da sementeira da tua doação afetiva, eliminando os interesses imediatistas e servis que tipificam essa fase de busca e de oferta.

Sê simples e compreensivo.

Considera que sempre há tempo para plantar e tempo para colher.

Desse modo, não aneles por uma colheita antes da ensementação.

Desfaze-te do pessimismo e da amargura, da inveja e do ressentimento em relação às demais pessoas.

Nada é como parece. Aqueles que se te apresentam risonhos, ditosos e plenos, muitas vezes se encontram experienciando testemunhos difíceis, aflições não reveladas, necessidades várias...

Não são dissimuladores, somente estão tentando não deixar que os problemas angustiantes deles retirem a oportunidade de crescimento e de libertação das suas garras.

São lutadores a caminho do êxito, são nautas corajosos atravessando mares de pélagos violentos.

Assim sendo, não te permitas queixas e censuras, porque não te sintas amado ou porque tenhas dificuldades em amar com abnegação.

O amor verdadeiro não é possessivo, não pretende tomar nada nem submeter a ninguém.

É como um rio generoso que flui suas águas na direção do mar que, mesmo distante, constitui-lhe a meta a alcançar, não importando quando isso venha a acontecer.

Na tradição indiana, desde priscas eras canta-se a frase: _Leva-me à outra margem_... Assim apelam vendedores, condutores, cancioneiros, pastores...

A _outra margem_ da vida é a imortalidade, a continuidade do existir, que as experiências conduzem de um para outro lado vibratório do processo evolutivo.

O amor é o missionário que sempre se encarrega de levar aqueles que se deixam transportar pela sua canção.

A mensagem de que é portador não se encontra no mercado ou em farmácias especializadas. Está no imo do coração, bastando, somente, que a pessoa a busque silenciosamente e a exteriorize.

De sublime constituição, mais beneficia aquele que o oferta, que propriamente aquele que o recebe.

É qual perfume que permanece nas mãos que o brindam, como sucede com todo aquele que doa rosas.

Faze-te amante do amor e verificarás o rumo ditoso que tomará a tua existência.

O amor é tão fundamental que se pode sobreviver por um expressivo período sem pão e mesmo sem água, mas sem ele a vida desfalece e perde o seu significado, logo perecendo.

Quando Jesus tomou como base da Sua Mensagem o amor, o mundo renovou-se de um para outro momento, diferente esperança tomou conta das multidões, novos horizontes foram traçados para a Humanidade.

Embora ainda não esteja sendo vivenciado, é como um sol que aquece as vidas enregeladas nos descaminhos das paixões e dos sofrimentos, oferecendo certeza de amparo e de bênçãos.

Portanto, em qualquer situação existencial, o amor é sempre de fundamental importância.

42

AMOR E VIDA[44]

Quanto mais se decantam as bênçãos do amor, ei-lo que se distende em múltiplas direções, adquirindo tonalidades fascinantes e desconhecidas, em contínuo convite à beleza e à vida.

No turbilhão das paixões humanas, o amor, torna-se meta preciosa a se conquistar a qualquer preço, em razão da sua magia invulgar, como se fosse mercadoria de fácil aquisição, nas manobras da astúcia e da ardileza dos mais hábeis.

Esse amor de ansiedade certamente é transferência de conflito interior que busca realização noutrem, incapaz que se sente de conseguir a autorrealização.

Apresenta-se como anelo de expansão em direção a outra pessoa, sem haver conseguido lenificar-se, autoamar-se.

Em consequência, o investimento é mínimo, sustentado na utopia de receber o máximo. Essa é uma forma de exteriorizar necessidades imediatas e não emoções de enobrecimento, dando lugar à *morte* do amor. Como qualquer outro negócio, o interessado pensa em aplicar os momentos que deseja acalmar, na expectativa de recolher resposta compensadora. Trata-se de um dos três aspectos do amor físico,

---

44. FRANCO, Divaldo; ÂNGELIS, Joanna de [Espírito]. *Liberta-te do mal.* 1ª ed. São Paulo: EBM Editora, 2011, cap. 12.

não da sua função real. Esse sentimento diz respeito ao amor físico, sensual, apressado, que deseja solucionar o desejo. É uma forma de expressá-lo, mas que amadurece no segundo estágio, quando é mental, em imenso anseio de expansão, para culminar no espiritual, em entrega mais profunda, em conexão transcendental, quando é possível fundir sentimentos e desejos nas aspirações do melhor, do belo, da realização superior...

Em seu primeiro estágio, a ansiedade tira-lhe a beleza e esvazia--lhe o conteúdo profundo responsável pelo intercâmbio das emoções, tornando-se frustrante, porque o outro, o ambicionado, também é portador de igual vazio existencial, esperando ser preenchido em suas carências, especialmente da afetividade. E, se por acaso, encontram--se e unem-se, logo passadas as sensações das necessidades de carícias advêm o tédio, a indiferença e o anseio para o encontro com a *alma gêmea*, elevada e nobre, embora se reconheça sem os mesmos requisitos que espera encontrar fora...

O amor é o grande desafio existencial, porquanto transcende os limites do desejo, por estimular as emoções elevadas e por anelar pela felicidade do outro, daquele ser a quem direciona o afeto.

Na segunda fase, existe algum amadurecimento, porque, mesmo trazendo o desejo sexual em forte pressão, alarga-se em volta, ampliando os sentimentos de compreensão e de respeito em que se firma.

Somente quando se alcança o terceiro nível, aquele de natureza espiritual, é que se dá conta da sua complexidade, na condição de mensagem de vida, mas de vida abundante conforme enunciou Jesus.

Mais se preocupa, nesse momento, em dar e doar-se do que em receber e se enriquecer.

Desvios de conduta emocional, conceituações equivocadas ao longo do tempo fizeram do amor, que deve viger entre as criaturas, um tormento, ao invés de uma bênção.

Antes da sua consumação, tudo são paisagens iridescentes, sonhos delicados, promessas de felicidade. Infelizmente, pouco tempo depois se transforma em algoz que aprisiona o pensamento e as aspirações no outro ou, de maneira diversa, busca asfixiar o ser a quem afirma amar nos caprichos e exigências descabidos.

Ciúme, desconfiança, insegurança instalam-se no relacionamento, avançando para os atritos, o desrespeito emocional, culminando nas agressões de natureza diversa.

Pensa no amor e anela por vivenciá-lo como a glória do existir, despindo-te dos equipamentos egoicos para te plenificar na harmonia. Se não o conseguires, analisa os conteúdos do teu sentimento e refaze aspirações.

O amor acalma, ampara, dá segurança, alegria de viver, sem fazer qualquer tipo de exigência.

Quando gera desconforto e ansiedade, não atingiu o significado de que se reveste. Expressa paixão física de efêmera duração, capricho e anseio turbulento da emotividade, mecanismo de fuga da realidade, transferindo as angústias para a busca de que outrem lhe solucione os problemas.

Quando se ama, todo um processo psicológico desencadeia-se no organismo, produzindo equivalentes consequências fisiológicas.

Saúde e enfermidade, além das psicogêneses cármicas, têm no amor ou na sua ausência, ou na sua alucinação em forma de ódio, fatores preponderantes que os desencadeiam.

Isto porque o amor é possuidor de vigorosa energia que aciona a emotividade, conforme a sua expressão, repercutindo na organização somática de maneira equivalente.

Alergias, enfermidades do trato digestivo, problemas respiratórios e alguns tipos de neoplasias malignas radicam-se no sentimento do amor ausente, na indiferença do amor desvairado, no ressentimento injustificável, no amor perverso em forma de vingança...

Desse modo, é indispensável o treinamento para o autoamor, a fim de se poder vibrar em ondas mais elevadas do Cosmo, onde se espraiam as vibrações da Harmonia, do Bem-estar, da Alegria de viver.

É comum a temeridade de se acreditar que através do amor pode-se mudar o outro, o ser a quem se ama, em um comportamento psicológico infantil, como se houvesse uma poção mágica para ser aplicada ao paciente que se compraz no vício, na dependência química ou na de qualquer outra natureza.

Trata-se de um ledo equívoco porque, se antes da embriaguez dos sentidos não ocorreram as mudanças desejadas, depois as possibilidades são remotas e perigosas. Perigosas no sentido de reverter a problemática em lamentável contaminação do ingênuo que acreditou alterar a conduta do outro sem a necessária resistência para lhe suportar o assédio, tombando em suas malhas soezes...

Quanto possas, ama, sem as expectativas de retribuição, porquanto ditoso é quem distribui afeto e não aquele que aguarda ser recompensado.

Se parece difícil encontrar respostas retributivas ao amor que ofertas, não te preocupes, seguindo adiante, e o bem-estar por seres aquele que ama enriquecer-te-á de harmonia.

Não te decepciones se amando não receberes correspondência.

O Sol brilha sempre, mesmo quando nuvens carregadas lhe obstaculizam por momentos a irradiação... Elas passam, diluem-se, e ele permanece estuante.

É natural que se anele por companhia, por formoso relacionamento. Nada obstante, é necessário que cada qual se prepare para ser o que gostaria de encontrar no outro...

Desse modo, o amor no seu aspecto físico de sensualidade ou de erotismo, de prazer ou de ocasião, embora as promessas de compensação, transforma-se em fogo-fátuo depois de vivido.

Se amas em plenitude, é compreensível que os equipamentos orgânicos também participem como consequência, não como finalidade essencial.

Na tabela das tuas aspirações coloca o amor em primeira plana, procurando vivê-lo conforme as circunstâncias em que te encontres.

Inicia o teu exercício amando a Natureza, o lar, os objetivos existenciais e as pessoas com as quais compartes os dias.

Descobrirás que o amor é sempre bênção de Deus em benefício da vida.

Amor e vida, portanto, são termos da experiência existencial.

43

AMOR DIANTE DE RELACIONAMENTO[45]

O amor é fonte inexaurível de bênçãos e medicamento eficaz para curar as feridas do sentimento.

Quanto mais se expande no coração, mais concessões de alegria e de felicidade proporciona.

Depositário de força incomum, arrasta outras vidas que estavam para sucumbir, na direção dos altos cimos da esperança e da paz.

Fluxo contínuo de energia instalado no indivíduo, enriquece-o de coragem e valor para os empreendimentos mais difíceis que executa com prazer.

É o mais vigoroso elo de sustentação dos relacionamentos humanos, especialmente quando sustentado pela generosidade que mantém vivos os ideais de enobrecimento.

Não se entorpece quando surgem dificuldades, nem desiste de lutar se enfrenta desafios que devem ser superados.

Ocorre, no entanto, que as heranças psicológicas humanas, nem sempre felizes quando se referem ao amor, estabelecem parâmetros para que viceje ditoso, e, porque destituídos de legitimidade, produzem desencantos e sofrimentos.

---

45. FRANCO, Divaldo; ÂNGELIS, Joanna de [Espírito]. *Libertação pelo amor*. 6ª ed. Salvador: LEAL, 2016, cap. 23.

Nos relacionamentos familiares, o comportamento de pais castradores ou possessivos, negligentes ou manipuladores marca de tal forma o sentimento do amor, que aqueles que o experimentaram nessa condição armam-se para evitá-lo ou negam-se a dar-se-lhe, receando tornar-se vítimas novamente.

Em outras ocasiões, a confusão dos sentimentos que decorre da incompreensão do seu conteúdo, confundido com desejos sexuais e arbitrárias dominações, leva a uma total distorção dos seus elementos constitutivos, gerando reações que não lhe correspondem à realidade.

Insegurança e instabilidade emocional apresentam-se como necessitadas de amor, quando, em realidade, precisam mais de terapia do que de envolvimentos afetivos, a fim de que não descarreguem noutrem os conflitos que não foram resolvidos, gerando agressividade e cobrança.

Não raro, o desconhecimento do amor e da sua finalidade na existência humana induz a comportamentos esdrúxulos, nos quais a segurança da afetividade está na programação da sua perenidade.

É comum viver-se o presente, pensando-se no futuro, desejando-se que nunca sofra modificação, como se a vida fosse constituída de mesmices e repetições de sentimentos da mesma qualidade.

Noutras vezes, as lembranças do que já se fruiu estabelecem falsas necessidades para que novamente se repitam, tornando o presente um campo de batalha em contínuo combate.

O hoje não pode ser como o ontem e certamente não será igual ao amanhã. Cada época é portadora das suas específicas manifestações, expressando fatores próprios que a caracterizam.

O amor somente é válido quando vivido no momento, conforme se apresenta, sem saudades do pretérito nem ansiedades pelo porvir.

Decorrendo do egoísmo que predomina em a natureza humana, sempre se pensa em utilizar o amor como meio para reter aqueles que devem avançar, cortando-lhes as asas do progresso, fixando-os

Amor e sexualidade: a conquista da alma

na retaguarda, aprisionados nas células estreitas da paixão que lhes é dirigida.

O amor não encarcera, e felicita-se sempre quando liberta.

Pode ser dolorosa uma separação, uma ruptura de relacionamento por um ou outro motivo. No entanto, mais grave é permanecer exigindo que o outro perca o seu direito à felicidade dentro dos seus padrões, a fim de tornar vitorioso aquele que se lhe agarra sem nenhum respeito, fixado em conflitos de posse e de insegurança.

O amor não retém e sempre é favorável ao progresso daquele a quem se dedica.

Se alguém não pode mais ficar vinculado a outro coração, é necessário que siga adiante, levando as lembranças felizes, enriquecido de gratidão por tudo quanto vivenciou, continuando o relacionamento agora sob outra condição.

O relacionamento feliz não é aquele no qual necessariamente existe intercâmbio de natureza sexual. Embora esse impositivo ocorra amiúde e auxilie na plenificação dos sentimentos, tem um caráter relativo, nunca absoluto entre os indivíduos.

O verdadeiro amor é amplo e generoso, jamais se tornando mesquinho e exigente, como se fora constituído de paixão asselvajada.

Quando alguém segue em frente, não deixa atrás quem o ama, que também deve avançar. Somente amplia o laço da afetividade que ora se distende no rumo do infinito.

E quando se trata da ruptura da afetividade, por certo foi chegado o momento de assim acontecer, não devendo produzir dilaceração no sentimento, nem deixar uma herança de ressentimentos.

Toda vez que alguém se apresenta ressentido pelo amor não correspondido, é porque pretendia negociar o sentimento – eu te amo, a fim de que me ames. Essa é uma atitude incorreta, que não encontra respaldo no amor.

Pode-se amar a alguém e não sentir atração de natureza sexual, demonstrando que não se ama a uma parte da pessoa, mas a ela, em si mesma, de forma total, sem especificidade.

A permanente ideia de que o amor deve ter sempre um conteúdo erótico dele faz um tormento, porque sendo um sentimento superior da vida, é abrangente e felicitador, nunca produzindo aflição.

Quando ele parece ter gerado desencanto e decepção, é porque não foi realmente vivenciado conforme deveria. Quem assim se sente, desprestigiado e infeliz por não haver recebido o correspondente ao que pensava e pelo que lutava, em verdade não estabeleceu um vínculo de amor profundo, mas transferiu para o outro os seus desejos não realizados, as suas ambições não vividas.

O amor irradia paz e sempre gera satisfação física, emocional e psíquica.

Arrebata o ser às culminâncias dos ideais, fortalece-o nas lutas que deverá travar até alcançar a sua meta, alegra-o nos momentos de solidão e permanece como um sol brilhando adiante, belo e atraente, que ilumina e aquece também internamente.

O amor é o mais vigoroso sustentáculo que se conhece para a manutenção da vida humana.

Quando Jesus recomendou o amor como condição essencial para a felicidade humana, estabeleceu que era necessário torná-lo amplo e irrestrito, de forma que se iniciasse em si mesmo, agigantasse-se até o seu próximo e rumasse na direção de Deus.

Esse é o amor incondicional, sem limite, libertador.

Quanto mais se ama, tanto mais se é ditoso.

O amor, portanto, abarca todas as aspirações da criatura inteligente que um dia se lhe renderá totalmente feliz.

44

Ante o ciúme[46]

Estudo: Cap. XI – Item 4.

Disfarçando-se com habilidade, o ciúme aparece em complexas nomenclaturas: "zelo de amor", "vigilância afetuosa", "tempero do amor", "demonstração de afeto", "receio de perda", fugindo à responsabilidade para afligir e atenazar.

Fazendo enxergar por meio de lentes defeituosas, tudo se transforma sob sua mira, alterando-se, criando imagens infelizes e inculcando ideias venenosas de que se serve para o comércio da desarmonia e da desdita.

O ciúme é enfermidade do sentimento das mais danosas. Por proceder do imo de quem lhe sofre a constrição inditosa, sua erradicação faz-se difícil, porque exige esforço e denodo, numa batalha rude contra o amor-próprio.

Filho especialmente mimando do egoísmo, envolve-se nas roupagens da astúcia, de que se utiliza para insinuar-se e manter-se oculto, até o momento de desferir os golpes mortíferos com que azorraga aquele que o conduz, quanto quem lhe sofre a ditadura malévola.

O ciúme jamais deve ser considerado como manifestação de amor, exceção feita à forma possessiva de amar, portanto, desequilíbrio e dominação do sentimento enfermo.

---

46. FRANCO, Divaldo; ÂNGELIS, Joanna de [Espírito]. *Rumos libertadores.* 6ª ed. Salvador: LEAL, 2018, cap. 27.

Investe contra esse sórdido cúmplice da paixão dissolvente todos os teus esforços e não lhe dês trégua, como te apareça, onde surja, quanto conspire contra tua afetividade digna.

Se alguém não corresponde à tua dedicação e prefere ir adiante, ciumar e afligir de forma alguma produzirá resultado salutar.

Se te trai o ser a quem amas, ama ainda mais, sem propriedade nem perseguição.

Se alguém mente-lhe em nome da amizade ou do amor, reserva-te dignidade afetiva, fazendo o que te cabe.

Nem ressentimento nem exigência.

Quem vai adiante pelos ínvios caminhos, necessitará de tuas mãos e coração tornados conchas de amor e caridade, logo mais...

Desde que amas, não tenhas pressa. Chegará a tua vez de auxiliar o amor que se enganou e que necessita de ti, quando lograrás, então, recuperar o coração infiel, fruindo a paz que decorre de uma consciência reta e uma dedicação real.

Ciumar, porém, nunca!

45

Amor esquecido[47]

No momento em que o amor se manifesta confundido com as mais fortes sensações do sexo e dos interesses imediatistas, apura reflexões em torno da vida.

Esta jovem que procuras conquistar, e, esquiva, recusa a tua corte, merece consideração. Insistes, dominado por capricho insano, e terminas por vencer-lhes as resistências. Inclinada, agora, emocionalmente, a seguir-te, está hipnotizada. Se tomba nas tuas mãos, não a poderás abandonar, um pouco mais à frente, sem o teu apoio emocional nem o teu afeto.

Inquietaste-a, ferindo-lhe os sentimentos. O que lhe venha a suceder de prejudicial, mesmo que por alienação ou revolta a que se entregue, tu serás o responsável.

Esse moço que sensibilizas, estimulando-lhe os anseios do coração, conduzida por vaidade feminina inconsequente, ora segue arrastado pelo teu magnetismo. Sua mente, seus sonhos e ambições se desenrolam, envolvendo a tua pessoa.

---

47. FRANCO, Divaldo; ÂNGELIS, Joanna de [Espírito]. *Luz da esperança*. 2ª ed. Rio de Janeiro: Lorenz, 2001, cap. 18.

Se o abandonas ou rompes os laços da sua dependência emocional e te entregas a outrem, tu o impeles à loucura e ao suicídio. A infeliz opção a que ele se deixa arrastar será creditada na tua responsabilidade espiritual.

O nubente que foi largado em solidão e mágoa, vilmente trocado por outrem, permanece vinculado à tua vida, mesmo que arrebentes os vínculos legais que mantinhas com ele.

Quanto lhe ocorrer de funesto, a partir de então, serás tu a arcar com os ônus futuros.

O filhinho abandonado, que recusas sob alegações falsas – e todas são injustificáveis –, mesmo esquecido, está no teu programa de redenção. O que venha a padecer como efeito da tua incúria será anotado na complexa contabilidade de tua vida.

O genitor que a tua ingratidão de filho marginaliza, seja em qual situação for, prosseguirá ligado ao teu dever esquecido.

Todas as penúrias físicas, morais ou econômicas a que estará sujeito e lhe aflijam serão registradas na tua folha de serviços negativos.

O familiar que te ama e desprezas, permitindo-lhe a ruína, é débito que contrais na economia da tua reencarnação.

O dever do amor tem primazia.
A lei do amor tem prioridade.
O amor merece sacrifício.
O amor impõe-se como necessidade primeira e última da vida.

Todos os que amam e sofrem porque são desprezados pelos que são amados retornam ao regaço do perverso com os limites que decorrem das dores que se impuseram, a fim de serem luarizados e erguidos ao altar da perfeita identificação com o bem.

Se, no entanto, a dor os elevou às cumeadas da redenção, retornarão para recolher, na reencarnação dorida, o verdugo sitiado em amarguras e desesperos a que faz jus, ansiosos por se recuperarem do mal que praticaram.

Deixa que o amor seja a segurança dos teus dias e a bússola da tua romagem na Terra, apontando-te o Sublime Amor de Nosso Pai.

46

AMOR E SAÚDE I[48]

920. Pode o homem gozar de completa felicidade na Terra?

"Não, por isso que a vida lhe foi dada como prova ou expiação. Dele, porém, depende a suavização de seus males e o ser tão feliz quanto possível na Terra."

As injunções penosas que são vivenciadas na sociedade contemporânea, violenta e quase insensível, conduzem a criatura à reserva e ao retraimento. Não são poucas as pessoas que se sentem temerosas de amar, contraídas e amarguradas, sem ânimo para novos relacionamentos fraternos ou afeições mais profundas.

Temem novas sortidas da decepção resultante da traição de que foram vítimas, ou da ingratidão com que os seus gestos de bondade e ternura foram retribuídos.

Receiam abrir-se à amizade e experimentar novamente desprezo ou censura.

Acreditam que somente vicejam nos corações o egoísmo e a crueldade, sentindo-se usadas e logo descartadas.

Infelizmente há uma proliferação muito grande do mal, não obstante o Bem jamais haja estado ausente da Terra.

Todo inverno, por mais rude, faz-se suceder por primavera rutilante e rica de beleza.

---

48. FRANCO, Divaldo; ÂNGELIS, Joanna de [Espírito]. *Lições para a felicidade*. 5ª ed. Salvador: LEAL, 2015, cap. 30.

Da mesma maneira que se multiplicam a infâmia e o desar, florescem inumeráveis expressões de amor e de solidariedade, que sustentam a vida e a tornam digna de ser experienciada.

Somente porque algumas expressões de degenerescência moral se apresentam em destaque, não há como ignorar-se a grandiosa presença da abnegação e do sacrifício, da amizade pura e do culto do dever, confirmando as elevadas conquistas da Humanidade.

Amigos incomparáveis se revelam aguardando correspondentes em todos os segmentos da sociedade.

Por temor aos maus, perdem-se o convívio salutar e os estímulos dos bons companheiros.

Quando a claridade, mesmo que débil, se oculta, predomina vitoriosa a sombra. Mas a recíproca é também verdadeira, o que estimula a ampliar-se a débil chama com os combustíveis do amor, a fim de que se transforme em labareda crepitante e poderosa.

Na gramínea verdejante medram também os miosótis e as violetas.

Mesmo quando pisoteados pelos animais, renovam-se de contínuo, emoldurando com beleza a paisagem. E mesmo despedaçados pelas patas vigorosas, perfumam-nas sem queixa, retribuindo a agressão com o recender do seu aroma...

Intenta ser fiel aos teus sentimentos bons e não temas o mal.

Estás na Terra em processo de prova ou de expiação, a fim de alcançares a felicidade relativa que te está destinada.

Se abrires o coração ao amor, o amor te facultará harmonia e saúde.

Saindo do isolamento a que te entregas, encontrarás a fonte vitalizadora para retemperares o ânimo e fortaleceres os sentimentos de nobreza.

Quem se envolve com amizades legítimas e sai da paixão para a compaixão, conquista um tesouro de harmonia que esplende em bênçãos.

À medida que ames, mais experimentarás organicamente o fenômeno da vasodilatação, facilitando a irrigação da bomba cardíaca.

A alegria de amar renovará as tuas células sob o estímulo de substâncias fomentadoras do equilíbrio, que fortalecerão o sistema imunológico, evitando contaminações perniciosas.

A emoção do prazer de amar se dilatará por todo o organismo, e conhecerás a felicidade que independe de posses e de projeções sociais, em internas reações em cadeia, que te conduzirão para as vitórias sobre as vicissitudes e circunstâncias aziagas.

Se aquele a quem direcionas o afeto não o retribui, alegra-te com o fato de seres quem ama.

Consciente da excelência dos propósitos que vivencias, não pares, não te arrependas, não recues.

Segue sempre em frente, amando e ajudando a todos sem exceção. O Sol alimenta o campo e beija o pântano, e a chuva generosa reverdece o jardim e favorece o deserto com esperança.

O amor opera *milagres*, e o maior de todos é a felicidade que propicia àquele que o vitaliza.

Quem se inebria com o seu néctar, jamais experimenta solidão, angústia ou desespero, porque a sua fonte inexaurível de recursos propicia alegria e esperança, mesmo quando tudo parece conspirar contra a felicidade de ser pleno.

Todo o Universo é um poema de harmonia, mesmo no aparente caos que se apresenta em alguns momentos, exaltando o amor de Deus.

Sê saudável amando, e experimentarás a felicidade relativa que te está destinada na Terra, alterando o teu mapa existencial de provas e de expiações, tornando-te mais pleno e tranquilo no rumo da libertação total.

47

AMOR E SAÚDE II[49]

A excelência do amor é a base de segurança para uma existência feliz.

Somente através do amor consegue o Espírito a sua plenitude na vilegiatura carnal.

Desenvolver esse nobre sentimento é tarefa a que se deve dedicar até o sacrifício todo aquele que aspira pela autoconquista, pelo Reino dos Céus no coração e na mente.

Inicialmente se expressa como instinto de reprodução nas fases primárias do processo de evolução. A partir daí, ei-lo em forma de libido que o conhecimento moral irá transformando em fraternidade, embora permaneça nas suas raízes para o mister sublime da procriação.

Quando atinge o patamar da paixão superada e se alcandora de ternura, responde pelo bem-estar e harmonia que tomam conta do ser. Enquanto se mantém como força de prazer e de interesse imediatista, é responsável por males incontáveis que afetam a saúde, e dá lugar a somatizações lamentáveis.

Necessário aprender-se a amar, para evitar-se que as paixões do desejo assumam o comando das emoções e o transformem em morbidez.

---

49. FRANCO, Divaldo; ÂNGELIS, Joanna de [Espírito]. *Segue em harmonia*. 1ª ed. Salvador: LEAL, 2016, cap. 5.

Em alguns casos em que a pessoa foi vítima de repressões e de outras contingências castradoras, apresenta-se possessivo ou disfarça-se em ternura asfixiante que leva a resultados nefastos.

Quando experiencia a solidão e encontra outrem que inspira desejo, o indivíduo não amadurecido psicologicamente idolatra-o, deixa-se arrebatar por qualidades que lhe são atribuídas, mas que, em verdade, não possui. Tenta fruir ao máximo do relacionamento direto ou não, enquanto experimenta emoções desencontradas de admiração e inveja, de domínio e de competição. Surgem, lentamente, o medo da perda, o receio de sofrer-lhe o abandono e começa a entrar em choque e a assumir comportamentos de exigências descabidas.

Podem ocorrer, nessa fase, os terríveis crimes passionais derivados do ciúme injustificável ou da cólera súbita por qualquer mínima contrariedade...

Quando se trata de ases e campeões de qualquer teor, a inveja da sua glória a quem não pode dominar, arma o ser imaturo de conflitos mediante os quais demonstra inconscientemente que o outro é tão humano que, na condição de mortal, pode ser eliminado. E mata-o!

O combustível de manutenção do amor é o respeito pelo outro, o que proporciona bem-estar na relação, aumenta o prazer na convivência e alegria pelo seu progresso e conquistas.

Não aguarda retribuição, nem compete. Porque não se sente solitário, seus valores são oferecidos ao outro de maneira espontânea e confortadora.

Com o hábito de superar os impositivos egoicos, nada exigindo, torna-se um centro de irradiação de emoções aprazíveis que a todos felicita.

A vivência do amor é dificultada pelo *ego* ainda primitivo, que sempre espera fruir, beneficiar-se, utilizando-se dos demais, quando, tocado pela sublime chama, faz-se doador com a capacidade de ajudar e fazer felizes todos aqueles que se lhe acercam.

A sua vibração harmônica faz-se tão benéfica e cativante que se doa em clima de paz.

O amor é a alma do universo.

Amor e sexualidade: a conquista da alma

Distúrbios de variada nomenclatura têm raízes na ausência do amor, nos seus antípodas, quais o ressentimento, o rancor, a indiferença, o ódio.

O amor estimula a produção de endorfinas, de leucinas, de imunoglobulinas e outras substâncias geradoras de saúde, enquanto as irradiações que se lhe opõem produzem reações semelhantes a descargas de elétrons destrutivos que perturbam o equilíbrio psicofísico e propiciam campo para a instalação de doenças, contágios de micróbios nefastos...

Grande número de transtornos neuróticos se origina no ressumar de pensamentos avaros e egoístas, que desenvolvem *vibriões energéticos* que desarmonizam a mitose celular e as neurocomunicações.

Nada que se equipare na área das emoções à contribuição vital do amor em qualquer forma como se apresente: maternal, filial, paternal, familiar, religioso, social, humanitário, espiritual...

Encontram-se, não poucas vezes, apóstolos do amor excruciados por enfermidades dilaceradoras, por dores vigorosas, que poderiam negar a tese de que ele é produtor de saúde...

Sucede que, nesses casos, deve-se considerar que o missionário elege o sofrimento em resgate de antigas dívidas morais perante as Leis Soberanas ou esse resgate tem por objetivo demonstrar que nele o sofrimento não é imposto, mas solicitado para ensinar à Humanidade devedora resignação, desprendimento e coragem moral.

A bênção do amor transforma pigmeus em verdadeiros gigantes e são esses que se fazem estímulo e força para a edificação da sociedade feliz.

Quando se ama, alcança-se superior patamar do processo evolutivo e faculta-se a oportunidade de autoiluminação.

O amor é o embaixador vibratório de Deus para que a fé, a esperança e a caridade transformem as pessoas e o mundo, inaugurando na Terra o período de paz que todos anelam.

Ama e burila-te.

Vence os impulsos servis das paixões asselvajadas e das heranças primárias por intermédio da disciplina da mente, dos pensamentos sensuais que deves converter em idealismo e realização enobrecedora.

Renasceste para alcançar a superior conquista do amor sem jaça. Não postergues o momento de alcançar essa honrosa meta.

Jesus viveu o amor de tal maneira e com tão significativa profundidade, que o Seu exemplo tem estimulado legiões de missionários espirituais a vestirem a indumentária carnal para imitá-lO e ajudarem os renitentes no egoísmo e nas dissipações vergonhosas.

Ama sem nenhuma exigência e torna-te fonte inexaurível de bondade, acendendo luzes na escuridão enquanto distribuis paz e misericórdia a toda aflição.

48

PAIXÃO E AMOR[50]

907. Será substancialmente mau o princípio originário
das paixões, embora esteja na natureza?

"Não; a paixão está no excesso de que se acresceu a von-
tade, visto que o princípio que lhe dá origem foi posto
no homem para o bem, tanto que as paixões podem le-
vá-lo à realização de grandes coisas. O abuso que delas
se faz é que causa o mal."

O desenvolvimento da afetividade decorre do amadurecimento psicológico do ser que cresce, a esforço moral, ampliando a capacidade de entendimento emocional e cultural. Nem sempre, porém, resulta da aquisição de cultura, mas sim da perfeita harmonia entre sentir e saber, de modo que se possam evitar os distúrbios que, não raro, surgem durante o processo de evolução.

A afetividade é de incomparável necessidade para a afirmação dos sentimentos e da consciência humana, em razão da constituição espiritual, emocional e psíquica de que todos são constituídos.

Quando irrompem as emoções em catadupas, ante o encontro com outra pessoa, produzindo impacto de alta expressão, que se transforma em desejo, esse não é um real sentimento de amor, mas sim de paixão. A paixão, invariavelmente, é um fenômeno de transferência psicológica, mediante o qual o indivíduo se deslumbra por si mesmo, refletido naquele que o atrai e lhe provoca encantamento. A sua porção

---

50. FRANCO, Divaldo; ÂNGELIS, Joanna de [Espírito]. *Lições para a felicidade.* 5ª ed. Salvador: LEAL, 2015, cap. 26.

feminina, quando se trata de um homem, ou masculina, quando seja mulher, expressas nos conteúdos psicológicos *anima* e *animus*, é projetada para o outro, que passa a habitar uma galeria mitológica, tornando-se um alguém irreal que necessita ser conquistado.

Todo o empenho é desenvolvido para consegui-lo, e os estímulos orgânicos se tornam poderosos, em face da atração magnética de ordem sexual que é experienciada, atuando de maneira a levar o apaixonado a triunfar sobre a sua *presa* que, adorada, sintetiza todas as ambições e necessidades do conquistador. É semelhante às ocorrências do mesmo gênero no panteão mitológico dos deuses. O ser humano, no entanto, não é deus algum, mas ser com sensibilidade e sentimentos comuns...

No começo, o relacionamento é intenso, a admiração é constante, porque a imagem projetada inspira todo esse encantamento e interesse.

À medida, porém, que a convivência demitiza o sobrenatural da afetividade desequilibrada, a realidade assume o inevitável papel de controle das emoções, e o despertamento traz o desencanto e a amargura que passam a conviver com os parceiros, quando não o desentendimento, a agressividade, a violência, o crime...

Normalmente, após o estabelecimento de qualquer fenômeno de paixão afetiva, surgem o acordar da consciência e o conflito de comportamento, que levam a sofrimentos que poderiam ser evitados, caso se houvesse agido com equidade e maturidade psicológica.

Esse tipo de arrebatamento que conduz ao imaginoso, à fantasia, ao mítico, atribuindo virtudes e belezas a outrem, que as não possui, de um para outro momento, é como o fogo-fátuo, de efêmera duração, sendo efeito da combustão de gases que evolam dos cemitérios e pântanos, que brilham e logo desaparecem...

Nessa projeção de belezas com promessas de felicidade perene, em breve tempo sucumbem as aspirações cultivadas e logo surgem os conflitos perturbadores, que também são reflexos da personalidade atribulada e insatisfeita que busca prazeres sexuais e outros, distante das emoções enriquecedoras e de alto significado.

Esse tipo de busca – a do sexo sob impulsos de desordenadas aspirações do prazer – não satisfaz, deixando sempre um sentimento de culpa, quando não se dá também o de frustração, que envilece e amargura.

Raramente se transforma em motivo de aprimoramento moral, porque o indivíduo se escraviza e se entrega, perdendo a sua realidade, quando se prolonga por algum tempo mais esse tipo de chama abrasadora.

As consequências são sempre infelizes. A história da literatura oferece exemplos muito significativos que merecem reflexão.

O poeta Shakespeare encontrou a solução para deixar a imaginação humana continuar a paixão de Romeu e Julieta, mediante a tragédia que elaborou para consumi-los, desde que ela não suportaria o desgaste da convivência diária, os conflitos de conduta no relacionamento constante.

Marco Antônio, o vitorioso de Roma, e Cleópatra, a rainha do Egito, são também um exemplo trágico da paixão por projeção, que termina em caos.

Abelardo e Heloísa, Dante e Beatriz, igualmente experimentaram as consequências da irreflexão e sofreram a abrupta interrupção do encantamento, pagando o alto preço que se transformou em belas páginas escritas tanto por Dante quanto por Abelardo, que assim eternizaram os sentimentos de ambos, que não puderam consumar.

A relação é muito grande dos célebres enamorados, que a paixão devorou, pela falta de estrutura e da presença do amor real.

O amor é dúlcido, sem violência nem arroubos desesperados, que incendeiam e aniquilam. A sua mensagem é real, sem o imaginário do desequilíbrio nem do fantasioso, constituindo estímulo para quem ama sem sofrer desgaste, tanto quanto para o ser amado que não se submete.

Na paixão, sempre existem os componentes da dominação, do ciúme, da insegurança, do desespero, enquanto que, no amor, todo sentimento se enriquece de paz e de alegria, construindo o futuro a dois, sem perda da identidade nem da personalidade de qualquer um deles.

Enquanto a paixão é feita de impulsos imediatistas e extravagantes, o amor se expressa pela ternura e pela confiança, contribuindo para o crescimento moral do indivíduo que avança no rumo de mais altas aquisições.

Na raiz de muitas conquistas do gênero humano, encontra-se uma admirável história de amor, que não se desfaz em tragédia nem se despedaça no fragor dos desentendimentos afetivos.

O ser humano é convidado pela vida ao encontro da própria alma, à conquista do seu espaço interior, que não pode ser violado por ninguém, e o amor é o inspirador dessa viagem de segurança, que faculta o descobrimento da realidade e o equipa com instrumentos próprios para administrá-la de maneira eficiente a serviço do progresso moral e da plenitude.

Sob a inspiração do amor, a alma é conquistada, mas, por outra forma, a alma não pode prescindir dos estímulos do amor.

Eis por que se pode asseverar que o amor é de conteúdo divino, enquanto que a paixão é uma consequência dos tormentos humanos.

A paixão se nutre dos desejos que defluem do magnetismo sexual, enquanto que o amor é fruto do amadurecimento psicológico e do discernimento espiritual.

A paixão é rápida e deixa escombros, enquanto que o amor é duradouro e oferece sementeira de bênçãos.

O Evangelho de Jesus é o poema que canta o Seu Amor pela Humanidade de todas as épocas, retratando em páginas de incomparável beleza a Sua doação de vida e de entendimento em relação a todas as criaturas que Lhe constituíam o objetivo a que se entregou.

Oferecendo-se em holocausto humano, permaneceu fiel à Sua mensagem de libertação afetiva, sem frustração nem angústia, encerrando aquela fase do Seu messianato com insuperável declaração de entendimento da incoercível inferioridade dos Seus perseguidores: – *Perdoa-os, meu Pai, porque eles não sabem o que fazem.*

A grande paixão de Jesus é a criatura humana, mas as paixões humanas, normalmente, são caracterizadas pelos instintos e desejos desenfreados, exceto quando direcionadas para as construções do bem e do amor em qualquer lugar onde se apresentem.

49

RELACIONAMENTO AFETIVO[51]

Quando se pensa em relacionamento afetivo duradouro, deve-se ter por meta a conquista do ser essencial e dos seus valores, ao invés dos interesses imediatistas do conúbio de natureza sexual.

O receio que preside a muitas buscas é de que a sucessão do tempo proporciona saturação e desinteresse, em face da convivência repetitiva, que termina por se fazer monótona e desagradável.

Este raciocínio falso conduz a um temor injustificado e, por consequência, a uma frenética busca por diversidade, na qual o indivíduo se entrega à luxúria sob a incoerente explicação da necessidade de amor.

O amor tem sua validade, porque realiza interiormente todo aquele que o anela e se lhe entrega, descobrindo a excelência do relacionamento na sua amplitude geral e nunca na particularidade de um tipo exclusivo e compensador, que não mais é do que a satisfação do instinto reprodutor, transformado em elemento de prazer.

Quando isso ocorre, a insatisfação predomina nos parceiros e facilmente desaparecem os sentimentos profundos do respeito recíproco, da necessidade fraternal e amiga de estarem juntos, de tudo quanto constitui objetivo básico de uma boa união.

Assim sendo, existindo essa compreensão salutar da finalidade da convivência, nunca se manifestam o tédio, a monotonia ou o de-

---

51. FRANCO, Divaldo; ÂNGELIS, Joanna de [Espírito]. Relacionamento afetivo. In: FRANCO, Divaldo; Diversos Espíritos. *Luzes do alvorecer*. 1ª ed. Salvador: LEAL, 2001, cap. 30.

sinteresse, porque cada dia surge com novas e fascinantes opções de descobertas de valores antes desconhecidos, de vivências não realizadas e de desafios enriquecedores.

Cada um dos membros da afetividade sente-se então vinculado ao outro, sem interdependência perniciosa, mas através de uma constante relação plenificadora, que se torna motivo permanente de convivência.

Temas novos são discutidos, aspirações formosas são desenhadas, buscas de horizontes amplos surgem como bênçãos e, quanto mais amadurece a afeição, mais estreitos são os liames de sustentação.

Neste particular, a fidelidade assume papel de suma importância, porquanto somente por meio de confiança tranquila podem ser edificadas as bases do relacionamento feliz.

Certamente surgem momentos difíceis, como é normal, no entanto, o amor tem a chave que decifra todas as equações e que elucida todos os problemas.

Nesses casos, ao invés de afastamento dos parceiros, mais os aproxima.

As pessoas emocionalmente inseguras sofrem dificuldade para manter um relacionamento afetivo, porque o seu comportamento é assinalado pela instabilidade e pela desconfiança, características básicas dos seus conflitos.

Incapazes de entregar-se em clima de paz, transferem as insatisfações para o outro, sempre vitimadas por incertezas e necessidades de demonstrações exteriores profundas para as quais não dispõem de uma escala de valores para bem as aquilatar.

Na sua inarmonia afetiva, todos os sentimentos lhes vivenciam as estruturas da personalidade enferma, incapazes de sustentarem projetos de amor, que não estejam condicionados aos seus estados conflitivos.

Todo um processo de crescimento interior e desenvolvimento da afetividade se faz indispensável para um relacionamento ajustado, portanto, compensador.

Não havendo esse esforço de parte a parte, a união de dois indivíduos portadores de comportamentos estranhos e variáveis, sempre redunda em prejuízo para ambos com dilacerações psicológicas mais graves.

O amor é um sentimento que se deve cultivar, e que cresce graças ao empenho da transformação moral do ser para melhor, quando é possuidor do discernimento que altera a conduta extravagante, harmonizando-a com os princípios éticos e morais vigentes no convívio social.

Ao mesmo tempo, requer a autoiluminação que quem anela, oferecendo campo para que se desenvolvam outras expressões de ternura, de compreensão, de tolerância, de doação.

O amor é sempre generoso doador, que se multiplica na razão direta em que se reparte.

Espraia-se, fertilizando o campo por onde se expande, facultando o surgimento de novos valores emocionais que se dignificam a si mesmos e à sociedade em geral.

Todos os indivíduos necessitam de um relacionamento afetivo seguro, fundamentado nos sentimentos de comunhão e entrega pessoal, de família e de sociedade.

Banido da união o egoísmo doentio, torna-se exequível a vivência da afetividade sem jaça, que suporta todas as agressivas reações do grupo social no qual se convive, ou as dificuldades normais dos períodos mais difíceis do relacionamento.

Da mesma forma que a saúde resulta de fatores psicobiossociais e espirituais, a felicidade também dimana do equilíbrio desses instrumentos, que constituem o quadro operacional da existência humana na Terra.

Assim sendo, o amor é a alma do relacionamento afetivo equilibrado, tornando-se a ponte de segurança para a auto e a alorrealização espiritual, com vistas ao futuro eterno do ser.

Joanna de Ângelis.
Paramirim (Bahia), 10 de julho de 1999.

50

Matrimônio e amor[52]

Ev. Cap. XXII – Item 2

*Por isso deixará o homem pai e mãe, e ajuntar-se-á
com sua mulher, e serão dois numa só carne.*

Mateus, 19:5

O sentimento mais elevado do ser humano é o amor, que lhe caracteriza a procedência espiritual. Gerado pelo Amor, expressa-se através desse atributo superior, que vem conquistando a pouco e pouco no seu processo antropossocial, moral e espiritual.

Em cada experiência evolutiva, mais se lhe desenvolvem os valores éticos, e conquista mais alto patamar da escala da evolução.

Expande-se o amor em formulações de múltiplas facetas, conforme os vínculos que sejam estabelecidos pelos impositivos mesmos do processo de crescimento interior.

Quando na consanguinidade, ei-lo como manifestação filial, paternal, maternal, fraternal, para ampliar-se em expressões de união conjugal, de parceiros, de amigos, de companheiros de lutas, ampliando o significado, e assim ruma para a união com todas as demais criaturas humanas e, por fim, com a própria Natureza nas suas várias manifestações.

Vivendo, no passado, relacionamentos promíscuos, atraídos pelas necessidades do sexo sem qualquer respeito pela emoção uns dos outros, a vinculação rápida era resultado de impulsos e desejos, através

---

52. FRANCO, Divaldo; ÂNGELIS, Joanna de [Espírito]. *Jesus e o Evangelho à luz da Psicologia Profunda.* 6ª ed. Salvador: LEAL, 2016, cap. 29, vol. 11 da Série Psicológica.

dos quais se organizavam as famílias que se multiplicavam sem qualquer sentido ético.

À medida, porém, que o ser adquiriu consciência da sua realidade e avançou na conquista, mesmo que inconscientemente, dos direitos que todos devem desfrutar, o matrimônio foi estabelecido como forma de frear os abusos e dilacerações afetivas que eram perpetrados sem a menor consideração pela realidade emocional.

Por isso, afirmou Jesus que *no princípio não era assim*, recordando que as uniões se davam através dos sentimentos profundos, e quando degeneraram, Moisés, *pela dureza dos corações*, tomou as atitudes compatíveis com a gravidade do deslize moral.

Por outro lado, a ausência de dignidade nos relacionamentos conspirava contra o equilíbrio e a ordem social, misturando os interesses mesquinhos com os elevados princípios do sentimento que se expressava em relação a determinados parceiros.

O matrimônio passou a direcionar melhor as uniões físicas, desde que, concomitantemente, existissem os compromissos afetivos.

Pode-se considerar esse momento de conquista como um dos elevados patamares da evolução psicológica e moral da sociedade.

Certamente não impediu que as expressões mais primitivas permanecessem orientando os indivíduos, especialmente os homens, que se sentiam atavicamente com mais permissões do que as mulheres, facultando-se o adultério e o desrespeito aos compromissos espontaneamente assumidos para a construção da família.

A mulher, enganada ou submetida aos seus caprichos pela força vigente e aceita pela sociedade, silenciava as suas aspirações, quando no lar, ou servia de pasto para as paixões, quando empurrada para os resvaladouros da prostituição.

Embora o amor pudesse orientar a disciplina e conduzir à conquista dos objetivos elevados da procriação e da harmonia emocional no relacionamento saudável, a grande chaga da corrupção prosseguiu supurando e contaminando uma após outra geração, as quais se atribuíam créditos em relação ao prazer e ao vício.

A proliferação das enfermidades sexualmente transmissíveis não conseguiu diminuir a febre dos arroubos e insatisfações, castran-

Amor e sexualidade: a conquista da alma

do nobres aspirações, ceifando alegrias e destruindo vidas ao longo dos milênios de cultura e civilização.

Um grande silêncio, feito de ignorância e presunção, permaneceu no contexto das famílias, facultando que a desordem prosseguisse campeando sob o aplauso surdo do *machismo* generalizado e o sacrifício feminino, que se impunha a submissão e a escravidão doméstica.

Por sua vez, as religiões dominadoras, igualmente comandadas pelos homens, negavam quaisquer possibilidades de reversão da ordem hipócrita, mesmo quando intimamente era reconhecida a necessidade urgente de alteração de conduta para o bem geral e a felicidade dos grupos sociais que se uniam com objetivos mais elevados.

Na cegueira que vigia, arbitrariamente se interpretou o ensinamento de Jesus como uma imposição para que o matrimônio se transformasse em uma cerimônia religiosa consolidada, de natureza perpétua, até que a morte separasse os nubentes, não obstante vivessem distanciados pelo ódio, pelo ressentimento recíproco, pelo não cumprimento dos deveres do tálamo conjugal.

Foi uma atitude que, para minorar um mal perturbador, produziu um efeito tão danoso quanto aquele resultado que se desejava eliminar, abrindo feridas ainda mais profundas e devastadoras no cerne das vidas que eram ceifadas.

Todas as leis elaboradas pelo homem são transitórias, porque devem atender a necessidades ocasionais que, ultrapassadas, perdem o seu significado.

No princípio, quando as determinações legais possuíam um caráter temerário, punitivo, seria compreensível que fossem programados estatutos definitivos com objetivo de evitar a permanência do mal. No entanto, à medida que a cultura e a ética liberaram a consciência dos grilhões da ignorância e dos impositivos errôneos dos processos medievais, tornou-se necessária a alteração das determinações elaboradas pelos legisladores, a fim de que se tornassem mais compatíveis com o ser humano em fase de desenvolvimento moral e espiritual, resultado natural das suas conquistas intelectuais.

Somente eternas são as leis universais, aquelas que procedem de Deus, imutáveis, porque qualquer alteração na sua estrutura levaria ao caos a própria Criação.

As humanas estão sujeitas às condições de época, de povo, de lugar e de necessidade evolutiva. Por isso, variam mesmo entre culturas equivalentes não necessariamente interdependentes.

As leis civis, portanto, têm como meta cuidar do equilíbrio moral e social, mantendo os interesses da família e da sociedade, do indivíduo e do grupo no qual se encontra.

Assim sendo, o matrimônio é uma instituição humana que, infelizmente, em alguns períodos da História serviu para atender aos interesses e paixões de Nações ambiciosas que uniam os seus membros, a fim de se apossarem de terras e de vassalos que lhes passavam à tutelagem, quando dois dos seus nobres se uniam através da cerimônia religiosa estabelecida como legítima. Tão imorais atitudes essas, que sem ao menos se conhecerem os parceiros, acreditavam que o sacrifício os levava a se desincumbir dos interesses do Estado, sem qualquer consideração pelos seus sentimentos pessoais.

(...) E o desrespeito disso decorrente campeava sem qualquer disfarce, sob o apoio da bajulação e a sordidez da conduta moral dominante.

Felizmente o divórcio veio terminar com a incômoda situação das uniões infelizes, facultando a transformação do tipo de relacionamento conjugal em outras expressões de amizade e de consideração de um pelo outro parceiro, que as circunstâncias conduziram à mudança de compromisso, especialmente quando existem filhos, que não podem ser relegados à orfandade de pais vivos por desinteligência destes.

Somente a lei de amor é portadora dos valores que preservam o matrimônio, porque se radica no sentimento elevado de respeito e de dever que se devem manter os cônjuges, direcionando as suas aspirações para o equilíbrio e a felicidade.

A fim de que os indivíduos consigam o êxito no consórcio matrimonial, que decorre da afinidade e compreensão de ambos os cônjuges através do amor, torna-se indispensável que os conteúdos psicológicos de cada qual se encontrem em harmonia, sincronizando-se o *animus* na mulher com a sua feminilidade e a *anima* no homem com a sua masculinidade, sem que haja predominância arbitrária de qualquer um deles, o que sempre conduz ao desequilíbrio emocional, se assim não ocorre, dando lugar a comportamentos agressivos de sensualidade ou de desvio de conduta.

Nessa identificação de conteúdos psicológicos, os dois seres fundem-se emocionalmente, trabalhando-se pela plenificação sexual e emocional, daí resultando a saúde moral que deve viger em todas as uniões.

O matrimônio, portanto, à luz da Psicologia Profunda, continua sendo um rumo de segurança para os indivíduos que, às vezes, imaturos, não se dão conta da gravidade do cometimento, mas que despertam sob os estímulos do amor construindo segurança e harmonia íntima.

Jesus muito bem percebeu a significação do matrimônio, respondendo que nesse ato são deixados outros vínculos, a fim de que aqueles que se amam unam-se e construam a família, assim contribuindo para uma ordem social mais consentânea com as necessidades da evolução e do desenvolvimento profundo de todos os seres.

Não se trata, portanto, de um compromisso formal, mas de uma união enraizada em sentimentos de alta potência emocional, da qual se derivam as necessidades de harmonia e de entendimento, que fundem os seres uns nos outros, sem lhes inibir a identidade nem as expressões individuais de vir a ser.

Quando Deus *junta* dois seres, isso ocorre em razão da *Lei de causa e efeito*, que já ensejou conhecimento das criaturas em existências passadas, nas quais surgiram as manifestações iniciais da afetividade, ou foram realizadas tentativas de união, que ora se apresenta mais forte e compensadora do que naquele ensejo.

O que deve ser abominado é o adultério, são os relacionamentos múltiplos, em cruel desrespeito à confiança e à dignidade do outro, que se sente esbulhado e espezinhado, conduzido ao ridículo e substituído nos seus nobres sentimentos de valor moral e amor, que não estão sendo considerados.

Enquanto viceje o amor, portanto, as uniões permanecerão. Isto não equivale a dizer que, ante quaisquer diminuições da afetividade, logo se pense em separação, tendo-se em vista que o emocional experimenta alterações constantes, produzindo estados de desinteresses, de conflitos, de inquietações, que deverão primeiro ser superados, antes que ampliados por decisões, certamente infelizes.

O matrimônio é um compromisso sério, que deverá sempre ser resultado de seguro amadurecimento, precedido de reflexão profunda e dever emocional para com o *Si* e para com o próximo, a fim de que sejam os *dois seres uma só carne.*

51

Responsabilidade no matrimônio[53]

Interrogam, muitos discípulos do Evangelho: não é mais lícito o desquite[54] ou o divórcio, em considerando os graves problemas conjugais, à manutenção de um matrimônio que culmine em tragédia? Não será mais conveniente uma separação, desde que a desinteligência se instalou, ao prosseguimento de uma vida impossível? Não têm direito, ambos os cônjuges, a diversa tentativa de felicidade, ao lado de outrem, já que se não entendem?

E muitas outras inquirições surgem, procurando respostas honestas para o problema que dia a dia mais se agrava e avulta.

Inicialmente, deve ser examinado que o matrimônio, em linhas gerais, é uma experiência de reequilíbrio das almas no orçamento familiar. Oportunidade de edificação sob a bênção da prole – e, quando fatores naturais coercitivos a impedem, justo se faz abrir os braços do amor espiritual às crianças que gravitam ao abandono – para amadurecer emoções, corrigindo sensações e aprendendo fraternidade.

Não poucas vezes os nubentes, mal preparados para o consórcio matrimonial, dele esperam tudo, guindados aos paraísos da fantasia,

---

53. FRANCO, Divaldo; ÂNGELIS, Joanna de [Espírito]. Responsabilidade no matrimônio. In: FRANCO, Divaldo; Diversos Espíritos. *Sol de esperança*. 5ª ed. Salvador: LEAL, 2016, cap. 35.

54. Atualmente, o desquite equivale à separação judicial, nos termos do código civil de 2002 (nota da Editora).

esquecidos de que esse é um sério compromisso, e todo compromisso exige responsabilidades recíprocas a benefício dos resultados que se desejam colimar.

A *lua de mel* é imagem rica de ilusão, porquanto no período primeiro do matrimônio, nascem traumas e desajustes, inquietações e receios, frustrações e revoltas, que despercebidos quase, a princípio, espocam mais tarde em surdas guerrilhas ou batalhas lamentáveis no lar, em que o ódio e o ciúme explodem descontrolados, impondo soluções, sem dúvida, que sejam menos danosas do que as tragédias.

Todavia, há que se meditar, no que concerne aos compromissos de qualquer natureza, que a sua interrupção somente adia a data da justa quitação. No casamento, não raro, o adiamento promove o ressurgir do pagamento em circunstâncias mais dolorosas no futuro, em que, a pesadas renúncias e a fortes lágrimas, somente se consegue a solução.

Indispensável que para o êxito matrimonial sejam exercitadas singelas diretrizes de comportamento amoroso.

Há alguns sinais de alarme que podem informar a situação de dificuldade antes de se agravar a união conjugal:

Silêncios injustificáveis quando os esposos estão juntos.

Tédio inexplicável ante a presença do companheiro ou da companheira.

Ira disfarçada quando o consorte ou a consorte emite uma opinião.

Saturação dos temas habituais versados em casa, fugindo para intérminas leituras de jornais ou inacabáveis novelas de televisão.

Irritabilidade contumaz sempre que se avizinha do lar.

Desinteresse pelos problemas do outro.

Falta de intercâmbio de opiniões.

Atritos contínuos que ateiam fagulhas de irascibilidade, capazes de provocar incêndios em forma de agressão desta ou daquela maneira...

E muitos outros mais.

Antes que as dificuldades abram distâncias e os espinhos da incompreensão produzam feridas, justo que se assumam atitudes de lealdade, fazendo um exame das ocorrências e tomando-se providências para sanar os males em pauta.

Assim, a honestidade lavrada na sensatez, que manda *abrir-se o coração* um para o outro, consegue corrigir as deficiências e reorganizar o panorama afetivo.

É natural que ocorram desacertos. Ao invés, porém, de separação, reajustamento.

A questão não é de uma *nova busca*, mas de redescobrimento do que já possui.

Antes da decisão precipitada, ceder cada um, no que lhe concerne, a benefício dos dois.

Se o companheiro se desloca lentamente da família, refaça a esposa o lar, tentando nova fórmula de reconquista e tranquilidade.

Se a companheira se afasta, afetuosamente, pela irritação ou pelo ciúme, tolere o esposo, conferindo-lhe confiança e renovação de ideias.

O cansaço, o quotidiano, a apatia são elementos constritivos da felicidade.

Nesse sentido, o cultivo dos ideais nobilitantes consegue estreitar os laços do afeto e os objetivos superiores unem os corações, penetrando-os de tal forma que os dois se fazem um, a serviço do bem. E em tal particular, o Espiritismo – a Doutrina do amor e da caridade por excelência – consegue renovar o entusiasmo das criaturas, já que desloca o indivíduo de si mesmo, ajuda-o na luta contra o egoísmo e concita-o à responsabilidade ante as Leis da Vida, impulsionando-o ao labor incessante em prol do próximo. E esse próximo mais próximo dele é o esposo ou a esposa, junto a quem assumiu espontaneamente o dever de amar, respeitar e servir.

Assim considerando, o Espiritismo, mediante o seu programa de ideal cristão, é senda redentora para os desajustados e ponte de união para os cônjuges, em árduas lutas, mas que não encontraram a paz.

52

DIVÓRCIO[55]

Na sua generalidade, o matrimônio é laboratório de reajustamentos emocionais e oficina de reparação moral, através do qual Espíritos comprometidos se unem para elevados cometimentos no ministério familial.

Sem dúvida, reencontros de Espíritos afins produzem vida conjugal equilibrada, em clima de contínua ventura, através da qual missionários do saber e da bondade estabelecem a união, objetivando nobres desideratos, em que empenham todas as forças.

Outras vezes, programando a elaboração de uma tarefa relevante para o futuro deles mesmos, penhoram-se numa união conjugal que lhes enseje reparação junto aos desafetos e às vítimas indefesas do passado, para cuja necessidade de socorrer e elevar compreendem ser inadiável.

Fundamental, entretanto, em tais conjunturas, a vitória dos cônjuges sobre o egoísmo, granjeando recursos que os credenciem a passos mais largos, na esfera das experiências em comum.

Normalmente, porém, através do consórcio matrimonial, exercitam-se melhor as virtudes morais que devem ser trabalhadas a benefí-

---

55. FRANCO, Divaldo; ÂNGELIS, Joanna de [Espírito]. *Após a tempestade*. 12ª ed. Salvador: LEAL, 2016, cap. 13.

cio do lar e da compreensão de ambos os comprometidos na empresa redentora. Nessas circunstâncias, a prole, quase sempre vinculada por desajustes pretéritos, é igualmente convocada ao buril da lapidação, na oficina doméstica, de cujos resultados surgem compromissos vários em relação ao futuro individual de cada membro do clã, como do grupo em si mesmo.

Atraídos por necessidades redentoras, mas despreparados para elas, os membros do programa afetivo, não poucas vezes, descobrem, de imediato, a impossibilidade de continuar juntos.

De certo modo, a precipitação resultante do imediatismo materialista que turba o discernimento, quase sempre pelo desequilíbrio no comportamento sexual, é responsável pelas alianças de sofrimento, cuja harmonia difícil, quase sempre, culmina em ódios ominosos ou tragédias lamentáveis.

Indispensável, no matrimônio, não se confundir paixão com amor, interesse sexual com afeição legítima.

Causa preponderante nos desajustes conjugais é o egoísmo, que se concede valores e méritos superlativos em detrimento do parceiro a quem se está vinculado.

Mais fascinados pelas sensações brutalizantes do que pelas emoções enobrecidas, fogem os nubentes desavisados um do outro, a princípio pela imaginação e depois pela atitude, abandonando a tolerância e a compreensão, de pronto iniciando o comércio da animosidade, ou dando corpo às frustrações que degeneram em atritos graves e enfermidades perturbadoras.

Comprometessem-se, realmente, a ajudar-se com lealdade, estruturassem-se nos elementos das lições evangélicas, compreendessem e aceitassem como legítimas a transitoriedade do corpo e o valor da experiência provacional, e se evitariam incontáveis dramas, inumeráveis desastres do lar, que ora desarticulam as famílias e infelicitam a sociedade.

O casamento é contrato de deveres recíprocos, em que se devem empenhar os contratantes a fim de lograrem o êxito do cometimento.

A sociedade materialista, embora disfarçada de religiosa, facilita o rompimento dos liames que legalizam o desposório por questões de somenos importância, facultando à grande maioria dos comprometidos perseguirem sensações novas, com que desbordam pela via de alucinações decorrentes de sutis como vigorosas obsessões, resultantes do comportamento passado e do desassisamento do presente.

O divórcio como o desquite são, em consequência, soluções legais para o que moralmente já se encontra separado.

Evidente que tal solução é sempre meritória, por evitar atitudes mais infelizes que culminam em agravamento de conduta para os implicados na trama dos reajustamentos de que não se evadirão.

Volverão a encontrar-se, sem dúvida, quiçá em posição menos afortunada, oportunamente.

Imprescindível que, antes da atitude definitiva para o desquite ou o divórcio, tudo se envide em prol da reconciliação, ainda mais considerando quanto os filhos merecem que os pais se imponham uma união respeitável, de cujo esforço muito dependerá a felicidade deles.

Períodos difíceis ocorrem em todo e qualquer empreendimento humano.

Na dissolução dos vínculos matrimoniais, o que padeça a prole será considerado como responsabilidade dos genitores, que se somassem esforços poderiam ter contribuído com proficiência, através da renúncia pessoal, para a dita dos filhos.

Se te encontras na difícil conjuntura de uma decisão que implique problema para os teus filhos, para e medita. Necessitam de ti, mas também do outro membro-base da família.

Não te precipites, através de soluções que às vezes complicam as situações.

Dá tempo a que a outra parte desperte, concedendo-lhe ensancha para o reajustamento.

De tua parte permanece no posto.

Não sejas tu quem tome a decisão.

A humildade e a perseverança no dever conseguem modificar comportamentos, reacendendo a chama do entendimento e do amor, momentaneamente apagada.

Não te apegues ao outro, porém, até a consumação da desgraça.

Se alguém não mais deseja, espontaneamente, seguir contigo, não te transformes em algema ou prisão.

Cada ser ruma pela rota que melhor lhe apraz e vive conforme lhe convém. Estará, porém, aonde quer que vá, sob o clima que merece.

Tem paciência e confia em Deus.

Quando se modifica uma circunstância ou muda uma situação, não infiras disso que a vida e a felicidade se acabaram.

Prossegue animado de que aquilo que hoje não tens será fortuna amanhã em tua vida.

Se estiveres a sós e não dispuseres de forças, concede-te outra oportunidade, que enobrecerás pelo amor e pela dedicação.

Se te encontrares ao lado de um cônjuge difícil, ama-o, assim mesmo, sem deserção, fazendo dele a alma amiga com quem estás incurso pelo pretérito, para a construção de um porvir ditoso que a ambos dará a paz, facultando, desse modo, a outros Espíritos que se *revincularão* pela carne, a ocasião excelente para a redenção.